Chris Stadtlaender

»Ewig unbehaust und verliebt ...«
Beethoven und die Frauen

Chris Stadtlaender

»Ewig unbehaust und verliebt ...«

Beethoven und die Frauen

Mit 120 Abbildungen und Dokumenten

Amalthea

Besuchen Sie uns im Internet unter:
http://www.herbig.net

in der F. A. Herbig Verlagsbuchhandlung GmbH,
Wien · München

Umschlaggestaltung: Atelier Seidel, Altötting
Umschlagbild: AKG, Berlin
Herstellung und Satz: VerlagsService Dr. Helmut Neuberger
& Karl Schaumann GmbH, Heimstetten
Gesetzt aus der 11/14 Punkt Stempel-Garamond
Druck und Binden: Wiener Verlag, Himberg
Printed in Austria
ISBN 3-85002-470-9

INHALT

EINLEITUNG

Seit Ludwig van Beethoven am 26. März 1827 im Schwarzspanierhaus zu Wien, auf dem Alserstädter Glacis Nr. 200 seine Augen für immer schloss, sind unendlich viele biographische Werke über ihn geschrieben worden, gingen Autoren aller Länder daran, seinen Lebensweg aufzuzeichnen und sein Schaffen zu würdigen. Es war ihr Anliegen, alle Einzelheiten seines Erdenlaufes der Nachwelt zu überliefern und den tiefen Sinn seines Daseins aus dem Erhabenen wie dem Alltäglichen aufzuzeichnen.

Unter all diesen Arbeiten fehlt bis auf den heutigen Tag die eine, die sich mit dem Hauswesen Beethovens befasst, mit seinem Dienstboten-Elend, ja mit seiner Person als dem unruhig-unliebsamen Mieter, der er zeit seines Lebens gewesen ist.

Es mag sein, dass hier Gründe der Pietät mitsprachen. Man scheute sich vielleicht, die Absonderlichkeiten eines Mannes ins Licht zu rücken, der zu den Auserlesenen gehörte. Aber damit enthielt man sich eines wesentlichen Hinweises auf sein Dasein: als Besonderer unter den Menschen, dem dennoch nichts Alltägliches fremd war und der für sich bekennen musste, wie sehr es ihn erschöpfte.

Der Blick hinter die Kulissen eines großen Lebens ist nötig. Aus ihm wächst Verstehen in einem schöneren, tieferen Sinne. Ohne diesen Blick auf Beethovens Behausungen, auf seine häuslichen Angelegenheiten, seine Mietverhältnisse, seine Dienstboten und Hausleute kann weder Mensch noch Genius wahrhaft vor uns erstehen, ist das Bild einseitig, das wir von ihm haben. Ohne Wien und seine Landschaft, ohne die Natur, ja ohne Beethovens immerwährendes Trachten nach der idealen Unterkunft, nach den vollkommenen Arbeitsräumen – ohne diese Alltäglichkeit rundherum bleibt es unvollkommen. Denn Leben und Werk sind so untrennbar wie Leben und Alltag, wie das Werk und die Stätte, an der es entstand.

Mehr als andere war der Mensch Beethoven abhängig von seiner Umgebung und ihrer Atmosphäre. So glücklich und schaffensfroh er in der Natur sein konnte, so elend befand er sich in den zahllosen Wohnungen, die er – allzu rasch bezogen – ebenso hastig wieder verließ. Was ihn mit allen Unbilden seines Daseins immer wieder versöhnte, war Wien, die schöne, musenfreundliche Stadt, war seine Umgebung in ihrer friedvollen, unendlich beglückenden Harmonie.

Es drängt sich bei der Erinnerung an Beethovens Naturliebe unwillkürlich der Gedanke an die 6. Symphonie, die Pastorale, auf, mit ihren Sätzen: Erwachen heiterer Gefühle bei der Ankunft auf dem Lande, Szene am Bach, lustiges Zusammensein der Landleute und frohe, dankbare Gefühle nach dem Sturm. Doch es wäre falsch, nur sie und etwa die Mödlinger Tänze mit dem innigen Verhältnis des Meisters zum Land und seinen Leuten in Einklang zu bringen. Bis zu seinem letzten Werk, den Skizzen zu einem Quintett für den Verleger Diabelli, schwang immer die Atmosphäre

Ludwig van Beethoven im Jahr seines ersten Aufenthaltes in Wien, 1787, mit siebzehn Jahren.

Wiens mit seinen Weinbergen, den idyllischen Winzerdörfern, seinen Feldern, dem Kahlenberg, den Wäldern und dem silbern glänzenden Strom der Donau in seiner Musik mit.

Und mochte Beethoven in seiner raschen Art auch zu diesem oder jenem Zeitgenossen über Wien und seine Menschen schelten: im tiefsten Grunde galt doch unverändert das eine Wort, das er an seine Freundin Therese von Malfatti anno 1810 schrieb: »… kein Mensch kann das Land so lieben wie ich …«

Weil er es liebte, blieb er ein beständig Suchender, ein Ausschwärmender, dem es bald hier gefiel und bald dort. Uns aber ist als Zeugnis ein Teil dieser Wohnungen erhalten, in denen wir dem Genius auf seiner Erdenspur folgen dürfen – in Wien, in Heiligenstadt, in Mödling, Baden, Schönbrunn, Unter-Döbling, Hetzendorf, Penzing und Gneixendorf.

Hingezogen fühlte sich das große Genie Beethoven aber ebenso zu den Frauen. »Beethoven war nie ohne Liebe und meistens von ihr in hohem Grade ergriffen«, schrieb sein Biograf Franz Wegeler in seinen Notizen. Ein anderer, Bernhard Romberg, sprach von einer Liebe im Wertherstil, »schnell überwunden«. Waren es anfangs Damen der Aristokratie, wie die schöne Baronesse von Westerholt oder Babette Gräfin Belderbusch, folgten auch Damen, die verehelicht waren, wie die hübsche Marie Bigot de Morogues, der der leicht Entflammte frischweg schrieb: »Warum den Augenblick nicht ergreifen, da er so schnell verfliegt? Es wäre der so aufgeklärten und gebildeten Marie ganz entgegen, wenn sie bloßen Skrupeln zu Gefallen mir das größte Vergnügen versagen wollte …« Natürlich legte der entrüstete Ehemann ein Veto ein und Beethoven musste beschwichtigend erklären: «Ohnedem ist einer meiner ersten Grundsätze, nie in einem andern als freundschaftlichen Verhältnis mit der Gattin eines anderen zu stehen.« Die lange Reihe seiner Angebeteten von Eleonore von Breuning über Giulietta Guicciardi, Maria Gräfin Erdödy bis zur Unsterblichen Geliebten, Josephine von Brunswick, enthält aber durchaus nicht nur Damen der Gesellschaft. So berichtete Beethovens Schüler, Ferdinand Ries, dass er sich anno 1804 bei seinen Wanderungen in Döbling in die Tochter eines übelbeleumdeten Bauern vernarrte. Sie hieß Lise Flehberger und war ein resches, hübsches Ding. »… und gewöhnlich, wenn wir an einem etwas reizenden Mädchen vorbeigingen«, schrieb Ries, »drehte er sich um, sah es mit seinem Glase nochmals scharf an und lachte oder grinste, wenn er sich von mir bemerkt fand.« Die Verliebtheit in das kokette Ding ging sogar so weit, dass er sich bei der Polizei für ihren Vater verwendete, dem nach einem Raufhandel Gefängnis drohte. Nie aber vergaß Beethoven eine Kränkung seiner Liebe, wie sie ihm Giulietta Guicciardi zuteil werden ließ. Denn sie hatte ihn um Geld gebeten, das sie dann ihrem Verlobten, Robert Graf Gallenberg, weitergab. Als die Ehe in die Brüche ging, wollte sie zu Beethoven zurückkehren. Doch er lehnte sie ab und äußerte zu seinem Adlatus Schindler: »Und wenn ich hätte meine Lebenskraft mit dem Leben so hingeben wollen, was wäre für das Bessere, Edlere geblieben?« Worauf Schindler laut Konversationsheften lakonisch antwortete: »Nichts!«

OSTERN 1787

Samstag vor Ostern des Jahres 1787 war es, als der siebzehnjährige Ludwig van Beethoven zum ersten Mal nach Wien kam. Er war auf Empfehlung des Kurfürsten Max nach dort geschickt worden, um seine Studien fortzuführen. Insgeheim hoffte der Jüngling, bei dem berühmten Meister Wolfgang Amadeus Mozart Unterricht nehmen zu können. So traf er nach siebzehntägiger Postkutschen-Fahrt am 7. April in der Donaustadt ein – viel zu mitgenommen von der Reise, um von ihrer gepriesenen Schönheit und ihrem Glanz allzu beeindruckt zu sein. Und es sollte auch nicht dazu kommen, dass die spätere große Liebe zu Wien sich schon jetzt offenbarte. Wohl spielte Ludwig vor Mozart, wohl bekam er von ihm ein Lob: »Auf den gebt acht – der wird einmal in der Welt von sich reden machen«, doch dieser erste Aufenthalt in der nachmaligen Wahlheimat sollte nur ein kurzer sein. Die Mutter erkrankte in Bonn ernstlich, und so musste der junge Beethoven die Stadt per Eilpost nach vierzehntägigem Aufenthalt verlassen. Auf der mit Angst durchstandenen Heimreise, die über München nach Augsburg ging, jagte ein entmutigender Brief von daheim den anderen.

Beethoven traf die geliebte Mutter noch am Leben. Doch schon am 17. Juli des gleichen Jahres starb sie. »Sie war mir eine so gute, liebenswürdige Mutter,« schrieb der tieferschütterte Sohn nach ihrem Tod an einen Freund der Familie: »O, wer war glücklicher als ich, da ich noch den süßen Namen Mutter aussprechen konnte ...«

DAS JAHR 1792

Es vergingen fünf Jahre, bis der nunmehr Einundzwanzigjährige an einem kühlen, regnerischen Novembertag zum zweiten Mal von fern die Mauern der Donaustadt aufsteigen sah. Und wenn sich ihm auch die Schönheiten ihrer Landschaft an diesem Tage verhüllten, so mochte doch ein eigenes Glücksgefühl den jungen Mann ergriffen haben: er trat in die Metropole ein, die den Schönen Künsten Heimstatt war, die große, gefeierte Meister aller ihrer Zweige beherbergte, mit ihrem Zauber fesselte und inspirierte.

Anno 1787 spielte Ludwig van Beethoven vor Mozart, der ihn mit einem Lob auszeichnete.

Sein erstes Quartier in der Wahlheimat bezog Beethoven in der Alsergasse Nr. 45, im Hause des Buchdruckers Strauß.

Es war nur ein bescheidenes Kämmerchen im Dachgeschoss, doch den Ansprüchen des Mieters genügte es fürs erste. Es gab ja so viel Neues, Wichtiges in seinem Leben. Der Unterricht bei Josef Haydn begann. Und der junge Komponist gedachte der Worte des Grafen Waldstein, die in seinem Tagebuch standen: »Durch ununterbrochenen Fleiß erhalten Sie Mozarts Geist aus Haydns Händen.«

Doch bald sollte sich herausstellen, dass die beiden Genies allzu gegensätzlich waren für ein fruchtbares Zusammenwirken. Beethoven zeigte sich enttäuscht über den ihm zuteil werdenden Unterricht: er war noch nach sechs Monaten in der Lehre des Kontrapunktes nicht weiter vorgerückt als nach der ersten Lektion. So wandte er sich unter dem Siegel der Verschwiegenheit – um Haydn nicht zu kränken – über seinen Gönner, den Abbé Gelinek, an den damals berühmten Komponisten Johann Schenk, der ihm bald zum Mentor und väterlichen Freund wurde. Auch bei Johann Georg Albrechtsberger und Salieri nahm er Lektionen – mit einem Ernst und Eifer, dass seine Lehrer bald des Lobes voll waren.

Inzwischen war Beethoven zum ersten Mal umgezogen. Man hat nie erfahren, wo diese zweite Wiener Behausung lag. Doch eine Notiz in seinem Aufschreibbüchlein aus dem Jahre 1792 zeigt, dass Beethoven in kommerziellen Dingen durchaus nicht so weltfremd und unbeholfen war, wie man ihm immer wieder unterstellt hat. Er schrieb nämlich über den Mietzins seiner Unterkunft: »Der Hausfrau ist nicht nötig mehr als 7 Gulden zu geben, das Zimmer ist so auf der Erd.« Beethoven wusste also durchaus um den Wert einer so alltäglichen Sache, und er beharrte schon in jungen Jahren fest auf seinem Standpunkt. Sein Lehrer Albrechtsberger hatte in jenen Tagen das gleiche Urteil über ihn – was seine Musik anbetraf: »Beethoven war immer durchaus eigensinnig und selbstwollend, so daß er manches durch eigene harte Erfahrung lernen mußte, was er früher als Gegenstand des Unterrichtes nie hat annehmen wollen.«

DIE JAHRE 1793-94

Inzwischen hatte sein glänzendes Klavierspiel ihm die Salons der Wiener Aristokratie geöffnet. Der Adel zeigte sich höchst angetan von dem jungen Künstler, der bald große Männer wie die Brüder Lichnowsky, den Grafen Franz Brunsvik, Baron Gottfried von Swieten, den Grafen Browne, den Freiherrn Ignaz von Gleichenstein und andere zu seinen Mäzenen, zu Freunden wie Schülern zählte. Und es machte sich wie von selbst, dass Beethoven aus seinem unleidlichen kleinen Zimmer »auf der Erd« mit Freuden in die Stadtwohnung des Fürsten Lichnowsky zog, die sich in der Alserstraße 45, also im Hause des Buchdruckers Strauß befand, wo er zuerst im Dachgeschoss gehaust hatte. Jetzt zog er in zwei geräumige Zimmer im Erdgeschoss.

Dieses Haus ist heute nicht mehr aufzufinden. An seiner Stelle steht nunmehr das Haus Alserstraße Nr. 30. Von dem Buchdrucker Strauß erwarb Fürst Carl Lich-

Carl Fürst Lichnowsky (1756–1814) und dessen Gattin Maria Christiane, geborene Gräfin Thun-Hohenstein, gehörten zu den Förderern und Verehrern Beethovens in Wien.
Im Palais Lichnowsky umsorgte die Fürstin Maria Christiane den jungen Komponisten und führte ihn behutsam in die Gesellschaft Wiens ein.

nowsky anno 1798 das alte Haus und wandelte es in ein erlesenes Palais um.

Beethoven weilte drei Jahre hindurch als lieber, gern gesehener Hausgenosse bei dem Fürsten.

Sicher wirkte sich wohltuend auf sein Werden aus, dass die elementaren Sorgen, unter deren Bewältigung er späterhin so sehr litt, in der großzügigen, ja so überaus kunstsinnigen Atmosphäre dieses fürstlichen Haushaltes gänzlich von ihm abgehalten wurden.

Beethoven bedankte sich für die Gastfreundschaft auf die ihm eigene Weise. Sorglich überwachte er die Studien des Musikfreundes Lichnowsky, die sich vor allem auf seine eigenen Werke erstreckten. Der Fürst kannte und schätzte alle neuen Stücke seines Mieters, und er spielte sie auf seinem Klavier nach. Wegeler berichtet darüber: »Der Fürst war ein großer Liebhaber und Kenner der Musik; er spielte Klavier und suchte dadurch, daß er Beethovens Stücke studierte und bald mehr, bald weniger geschickt ausführte, diesem, den man häufig auf die Schwierigkeiten seiner Compositionen aufmerksam machte, zu beweisen, daß er nicht nötig habe, in seiner Schreibart etwas zu ändern …«

An jedem Freitag wirkte Beethoven auch bei der Aufführung seiner neuesten Kompositionen – im Verein mit Schuppanzigh, Weiss, Kraft und Zmeskall – mit.

Im Hause des Fürsten war es auch, wo zum ersten Mal das weibliche Element in der besonderen Art an Beethoven herantrat, die ihm sein ganzes ferneres Leben verschönern sollte. Die Fürstin Christiane Lichnowsky, eine der edelsten, liebenswertesten Frauen ihrer Zeit, ergriff die Hand des jungen, in sich gekehrten Genius, um ihn sanft in die ihm noch fremde Welt der Konventionen zu geleiten. Sie allein verstand es, alles von ihm fernzuhalten, was hinderlich und störend sein konnte. Und so erklärt sich auch des Meisters spätere Äußerung, »... wie oft wenig gefehlt dazu, daß die Fürstin eine Glasglocke über ihn gesetzt, damit kein Unwürdiger ihn berühre oder anhauche.«

Die Lichnowskys hatten ihrem Gast nicht nur freie Wohnung und Verpflegung sowie Pflege seiner Werke zugesichert, sondern sie empfahlen ihn auch in ihren Kreisen und schenkten ihm so wertvolle Instrumente wie den Flügel von der Pariser Firma Erard. Dazu bewilligte der Fürst Beethoven ein festes Gehalt, so dass dieser anno 1795 seinem Freund Wegeler mit Befriedigung schreiben konnte: »... Von meiner Lage willst du was wissen, nun sie wäre eben so schlecht nicht. Seit vorigem Jahr hat mir Lichnowsky, der – so unglaublich es Dir auch ist, wenn ich es Dir sage, immer mein wärmster Freund war und geblieben ist ... eine sichere Summe von 600 fl. ausgeworfen, die ich, solange ich keine für mich passende Anstellung finde, ziehen kann ...«

Beethoven durfte eigene Kompositionen im Palais Lichnowsky aufführen.

So hatte Beethoven bei den Lichnowskys vor allem eine künstlerische Heimstatt gefunden, die ihm noch erhalten blieb, als er viele Jahre später räumlich getrennt lebte. Im Dezember 1805 versammelten sich im Palais die Verehrer und Freunde Beethovens, um über das Schicksal seiner Oper »Fidelio« zu beraten, der in ihrer ersten Fassung ein Misserfolg beschieden gewesen war. Der Starrsinn ihres Schöpfers lehnte jede Änderung ab, doch die Freunde trugen den Sieg davon – der Ausruf der Fürstin: »Beethoven, so darf Ihr größtes Werk … nicht untergehen! Geben Sie nach! Tun Sie's zum Gedächtnis an Ihre Mutter! Tun Sie's für mich, für Ihre einzige, Ihre treueste Freundin!« gab den Ausschlag. Der »Fidelio« wurde einer gestrengen Prüfung unterzogen, die ihm Unsterblichkeit verlieh.

Es lag an mancherlei kleinen Zwischenfällen und Begebenheiten, die mit Beethovens Eigensinn, mit seiner Starrköpfigkeit zusammenhingen, wenn im Laufe der Jahre diese große Freundschaft einen Sprung bekam und an die Stelle der Verehrung und Zuneigung späterhin nur mehr achtungsvolles Begegnen aus der Ferne trat. Einmal war es die andauernde Konvention und die Rücksichtnahme auf die im Haus und an der Tafel geltenden Gesetze, die dem Naturell Beethovens zuviel wurden. »Nun soll ich tagtäglich um halb vier zu Hause sein, mich besser anziehen, für den Bart sorgen usw. Das halt' ich nicht aus!«, klagte er. Und so suchte er lieber die Gasthäuser auf, wie er eben ging und stand, als für des Fürsten Tafel eigens Toilette zu machen. Zum anderen ließ sein Patriotismus durchaus nicht zu, die Vorliebe seines Hausherrn für alles Französische zu teilen. Er hasste die Feinde des Vaterlandes und dachte nicht daran, für sie auch nur einen Finger zu rühren.

Es kam, wie es kommen musste. Zu Gast auf dem fürstlichen Schloss Grätz bei Troppau verschwand Beethoven heimlich zu Fuß in der Nacht, weil er seine neuesten Kompositionen nicht dem französischen General vortragen wollte, der ebenso Gast des Fürsten war. Diesen Fauxpas aber konnte und wollte der großherzige Gönner Beethoven nicht verzeihen. Er hat trotzdem sein Leben lang Beethovens Weg anteilnehmend verfolgt, wenn er auch nicht mehr in direkte Verbindung zu ihm trat.

FRÜHLING 1795

Nach den »Anstrengungen« im Palais Lichnowsky finden wir Beethoven 1795, und zwar während der ersten Hälfte des Jahres, in der Wiener Kreuzgasse Nr. 35, hinter der Minoriten-Kirche, wo er im 2. Stock ein Zimmerchen bewohnte. Er hatte zu der Zeit seine drei Trios op. 1 durch Vertrag an Herrn Carlo Artaria, den bekannten Musikverleger, übereignet, der sich am 19. Mai verpflichtete: »... solche gegen Vorausbezahlung von zweihundertzwölf Gulden, rein und schön, auch mit einem zierlichen Titelblatte versehen, binnen sechs Wo-

Im Palais Lichnowsky wohnte Beethoven eine Zeit lang, bis das dort herrschende Zeremoniell ihn vertrieb.

chen von untengesetztem Datum an gerechnet, spätestens, stechen zu lassen ...«

Gleichzeitig rückte Beethoven in die Wiener Zeitung vom 9., 13. und 16. Mai 1795 die Mitteilung ein, dass »... der Preis eines vollständigen Exemplares 1 Dukaten ist ...« und dass »man in Wien beim Verfasser im Ogylvischen Hause in der Kreuzgasse hinter der Minoritenkirche Nr. 35, 2. Stock praenumerieren könne«.

In dieser Wohnung entstand unter anderen Werken auch die »Adelaide«, die ihm indessen selbst so wenig gelungen schien, dass er sie dem Ofen überantworten wollte. Der Hofkapellsänger August Barth, der gerade einen Besuch machte, konnte den Unzufriedenen nur dadurch von seinem Vorsatz abbringen, dass er ihm sogleich die »Adelaide« vorsang. Bis zum Ende des Liedes hatten sich Beethovens ernste Züge aufgeheitert, und er rief zum Schluss ganz gerührt aus: »Nein, lieber Alter! Das werden wir doch nicht verbrennen!«

Die »Adelaide« ist unsterblich geworden ...

Der Wiener Graf Moritz Dietrichstein-Proskau-Leslie zählte zu den Gönnern und Verehrern Beethovens. Bereits im Jahr 1796 nahm er den jungen Komponisten in seinem Palais auf. Die Wohnung lag an der Rückseite in der Metastasiogasse Nr. 4 im 1. Bezirk.

Anno 1799 wurde im sogenannten Chaire-Schlössel, 1120 Wien, Schönbrunnerstraße 309, ein Wettspielen zwischen Beethoven und dem Mozart-Schüler Josef Wölfl veranstaltet, das zu Gunsten Beethoven ausging. Wutentbrannt verließ Wölfl bald darauf Wien, übersiedelte 1801 nach Paris und von dort 1805 nach London, wo er mit seinen Sinfonien und Klavierkonzerten brillierte. Josef Wölfl (1773–1812) ist nicht mehr nach Österreich zurückgekehrt.

DIE JAHRE 1796-97

Über Beethovens Behausungen aus den Jahren 1796 und 1797 herrschen widersprechende Meinungen. Die Wohnung in der Kreuzgasse hatte er aufgegeben, als er zu den ausgedehnten Konzertreisen aufbrach, die ihn nach Preßburg, nach Pest, Nürnberg und Berlin führten. Erwiesen ist, dass er sich – wenn auch vorübergehend – in Wien aufhielt. Es mag sein, dass er für diese kurze Zeit in einem Gasthaus Quartier nahm.

WINTER 1799–1800

Erst das Jahr 1799 sah Beethoven wieder im Besitz einer Wohnung, die uns überliefert ist. Sie befand sich im Haus Nr. 241 des sogenannten Tiefen Grabens – 1. Wiener Bezirk. Dies geht hervor aus der Ankündigung seines Verlegers in der Wiener Zeitung vom 26. März 1800: »… Logen und gesperrte Sitze sind sowohl den

Um das Jahr 1800 wohnte Beethoven am Tiefen Graben Nr. 241 im 3. Stock, obwohl manche Besucher dies als Irrtum bezeichneten. Eine Anzeige in der Wiener Zeitung bestätigt aber die obige Anschrift als die richtige.

1. als 2. April bey Herrn van Beethoven im Tiefen Graben Nr. 241 im 3. Stock, als auch beym Logenmeister zu haben …«

Interessant ist, dass drei Tage später bei Wiederholung der Ankündigung davon die Rede ist, dass »Billetts zu Logen bei Herrn v. Beethoven in dessen Wohnung, Tiefer Graben Nr. 231, 3. Stock, zu haben sind«. Es ist nicht erwiesen, ob sich hier das Druckfehlerteufelchen einschlich oder ob es in der Tat das sogenannte »Greinersche« Haus – die damalige Nr. 241 des Tiefen Grabens – war, in dem Beethoven wohnte. Da einer seiner Besucher, der Pianist Carl Czerny, aber davon sprach, dass man »thurmhoch« zu seiner Wohnung bis in den 5. oder 6. Stock stieg, so ist anzunehmen, dass es eines der hinter dem heutigen Tiefen Graben liegenden Häuser gewesen ist, das nur über mehrere Stiegen zu erreichen war. Diese Gegend nannte sich »Am Hof«, aber sicher ließen die Zeitgenossen sich damals durch die Vorderseite, in die sie eintraten, zu der Meinung verführen, Beethoven wohne eben »Am Tiefen Graben«.

Auch dieses Quartier wird uns als recht kahl und lieblos geschildert. Es war ein »… sehr wüst aussehendes Zimmer, überall Papier und Kleidungsstücke verstreut, einige Koffer, kahle Wände, kaum ein Stuhl, ausgenommen der wackelnde beim Walterschen Fortepiano ...« (Czerny).

DAS JAHR 1800

Kein Wunder, wenn der Meister, den man schon jetzt mit Recht als »unruhigen Mieter« bezeichnen konnte, alsbald wieder auf Wohnungssuche ging. Dieses Mal wandte er sich dem Ortsteil Unter-Döbling zu, doch ist auch diese Wohnung nicht bekannt geworden.

In diesen Jahren hatte Beethoven häufig über finanzielle Nöte zu klagen. Sein Bonner Freund Karl Amenda erlebte einmal eine solche Misere mit: Beethoven sollte am anderen Tag Miete zahlen und hatte die Summe nicht beisammen. Doch Amenda, der Praktische, wusste schnell Rat. Er gab dem Freund ein musikalisches Thema auf und sperrte ihn kurzentschlossen in sein Zimmer ein, mit der Auflage: in drei Stunden müsse er die Variationen darüber zumindest begonnen haben. Als er nach dieser Zeit zurückkehrte, fand er Beethoven sehr mürrisch auf demselben Fleck. Auf seine Frage drückte er ihm ein Blatt Papier in die Hand mit den Worten: »Da ist der Wisch.« Die Variationen waren vollständig fertig – sie sind später berühmt geworden unter dem Titel »Freudvoll und leidvoll«. Amenda gab dem Hauswirt die Noten und riet ihm, sie einer Verlagsbuchhandlung anzubieten. Nach einigem Widerstreben ging dieser, mehr der Neugierde halber.

Doch sehr zufrieden kam er wieder und überfiel Beethoven gleich mit der Frage, »ob er noch mehr solcher Zettel habe«.

Für dieses Mal also waren alle Mietzins-Sorgen gebannt.

FRÜHLING 1801

Von Unter-Döbling wandte sich Beethoven im folgenden Jahr wieder mehr zum Kern der Stadt zurück. Nach einigem Suchen fand er auf der Wasserkunst-Bastei Nr. 1196, im sogenannten »Hamberger Haus«, eine Unterkunft, die weit mehr seinen Anforderungen entsprach als die vorhergehenden. Es waren drei Räume, die Fenster gingen zur Gasse hinaus. Er hätte sich hier wohl gefühlt, wenn sich nicht recht bald Ärgernisse mit den Hauseinwohnern ergeben hätten. Beethovens Gepflogenheit, bis weit nach Mitternacht zu arbeiten, volle Akkorde so kräftig anzuschlagen, dass es durch das Haus dröhnte, zu singen und mit Gegenständen taktierend gegen die Wand zu schlagen – mit einem Wort: zu poltern – wurde ihm übel vermerkt. Es kam zu wiederholten Vorhaltungen, in deren Verlauf der unliebsame Mieter Besserung versprach. Doch es blieb beim Alten. Trotzdem ließ er sich die Freude an der angenehmen Wohnlage und der schönen Aussicht nicht verleiden. In einem Brief schrieb er freudig: »Ich habe eine sehr schöne Wohnung jetzt, welche auf die Bastey geht und für meine Gesundheit einen doppelten Wert hat.«

Ja, mit seiner Gesundheit sah es schon um diese Zeit nicht gut aus. Der Einunddreißigjährige hatte über erste Anzeichen der beginnenden Taubheit zu klagen, hinzu kam die Überempfindlichkeit seines Magens und Darmes – vermutlich eine Folge der Pocken, die ihn als Kind heimgesucht hatten. Gerade von einer luftigen Wohnung erhoffte Beethoven sich weitgehende Besserung, die auch zeitweise eintrat. Um diese Zeit kam er urplötzlich auf den Gedanken, sich auch als Koch zu betätigen. Vielleicht war ein gut Teil Misstrauen gegen die Haushälterin damit verbunden – jedenfalls ging Beethoven auf die Wochenmärkte, prüfte und feilschte mit den Marktfrauen und Händlern und verdarb es sich durch seine Mäkeleien mit beiden. Alle Vorhaltungen seiner Freunde nützten nichts: der Koch aus Passion hatte sich in diese wahrhaft »barocke« Idee verrannt und führte sie gegen alle Vernunft auch durch. Um aber die Befürchtungen seiner Freunde zu zerstreuen, die sein leibliches Wohl ernsthaft gefährdet sahen, lud er schleunigst alle zu einem Mahl ein – es blieb ihnen nichts übrig, als der festgesetzten Stunde mit banger Erwartung entgegenzusehen.

Sie trafen ihren Gastgeber mit Nachtjäckchen, die Schlafmütze noch auf dem Haar, in eine große blaue Küchenschürze gehüllt, am Herd. Das Menü bestand aus Suppe, Rindfleisch und Gemüse, Ochsenbraten und Obst. Aber wie waren die Speisen missraten! Die Suppe viel zu dünn, das Gemüse schwamm in Fett und Wasser, ohne gar zu sein; und der Braten schien im Schornstein geräuchert, so schwarz war seine Kruste. Nur der eifrige Koch entwickelte einen guten Appetit – die Gäste würgten kaum einige Bissen hinunter. Sie hielten sich lieber an das frische Obst und den Wein.

Nach diesem Experiment schien Beethoven selbst die Lust an weiteren Kochereien vergangen. Frau Mariandel, seine Haushälterin, trat wieder in ihre Rechte. Er verfügte sich – wenn auch grollend – an das Schreibpult. Trotzdem behielt er zum Andenken an diese Zeit gern seinen Spitznamen »Mehlschöberl« bei. Lange danach schrieb er einmal an seinen Freund Johann Nepomuk Hummel, den Klaviervirtuosen: »Dich küßt Dein Beethoven – auch Mehlschöberl genannt.«

SOMMER 1801

Vom Sommer des Jahres 1801 an verging kein Jahr, in dem Beethoven nicht die warmen Monate auf dem Lande, in der engeren oder weiteren Umgebung Wiens, verbracht hätte. Er begann diese Gegend abgöttisch zu lieben. In der Natur fühlte er sich frei, und seine musikalischen Ideen begannen zu strömen. Seit diesem ersten Sommer, der ihn in Hetzendorf draußen sah, kannten die Bauern und Winzer den »grauperten (ungekämmten) Musikanten« bald genau, der da in eigentümlichem Aufzug – mit Frack, Pantalons und Zylinder – durch Felder und Wälder streifte, sich unter die Bäume warf und in den blauen Himmel schaute.

Den Sommer dieses Jahres bis Oktober verbrachte Beethoven in Hetzendorf draußen, im sogenannten »Seilernschen Schlösschen«.

FRÜHLING 1802

Mit Frühlingsanfang des folgenden Jahres kehrte er jedoch nicht dorthin zurück, sondern suchte sein Domizil in Heiligenstadt, Probusgasse Nr. 6.

Heiligenstadt war zu dieser Zeit noch ein Dörfchen, das, von Rebenhängen umgeben, lieblich in die Landschaft eingebettet lag.

In der Probusgasse hatte Beethoven drei Zimmer, deren Fenster auf die Gartenseite des einstöckigen Häuschens hinausgingen. Nicht weit entfernt grüßte der schlanke Turm des Grinzinger Kirchleins, auf dessen hellen Glockenschlag er oftmals ängstlich lauschte, da sich sein Gehör in der unangenehmsten Weise verschlechterte.

Wenn auch die Natur ihren sänftigenden Zauber auf ihn ausübte, so wirkte sich doch die furchtbare Aussicht auf eine fortschreitende Taubheit entmutigend auf Beethoven aus. In dieser Zeit tiefster Depressionen entstand das Selbstbekenntnis, das als »Heiligenstädter Testament« bekannt ist. »O ihr Menschen, die ihr mich für feindselig, störrisch oder misanthropisch haltet oder erkläret, wie unrecht tut ihr mir …«

Hinaus nach Nußdorf zog es Beethoven 1802, wo er in der Probusgasse 6 im Jahr 1802 das »Heiligenstädter Testament« an seine beiden Brüder Karl und Johann verfasste.

In der Probusgasse bewohnte Beethoven zwei Zimmer im Obergeschoss.

Es waren schwere seelische Krisen, die Beethoven heimsuchten. Dennoch schuf er gerade in diesem Sommer und Herbst verschiedene seiner größten Werke. So die ersten beiden Variationswerke op. 34 und op. 35, sicher auch zum Teil die 2. Symphonie in D-Dur, die des Meisters ganze, ungebrochene Kraft zeigten.

An schöneren Tagen konnte man Beethoven schon vor Tagesanbruch begegnen. Es hielt ihn nicht länger in den engen Räumen – er musste hinaus in die Natur. Da er Ziererei und übermäßige Eleganz immer mehr verabscheute, war seine Kleidung – wenn nicht gerade unsauber – so doch sehr lässig und einfach. Er trug zumeist einen blauen Frack mit Messingknöpfen, dazu im Sommer helle Pantalons und einen großen Hut – entweder einen Zylinder oder einen großen Filzhut – den er weit aus dem Gesicht setzte, so dass die rückwärtige Krempe in ständige Kollision mit dem sehr hohen Rockkragen geriet. Es konnte nicht ausbleiben, dass sich Rockkragen und Hutkrempe rasch abwetzten und der Kleidung einen abgetragenen, ja schäbigen Eindruck gaben. Das weiße Halstuch, das in langen Zipfeln nach außen stand, war jedoch von tadelloser Weiße, wie überhaupt seine Wäsche als von einwandfreier Beschaffenheit geschildert wird. Neben einem dicken Zimmermanns-Bleistift fanden sich in den stark ausgebeulten

Rockschößen des Fracks noch ein Quart-Notennotizheft und ein Oktav-Konversations-Heft.

In diesem Aufzug streifte der Meister durch die Umgebung seiner jeweiligen Sommerfrische, und es war schließlich kein Wunder, wenn er bald in den Verdacht geriet, »seltsam« zu sein und von den schlichten Landleuten und Winzern kaum mehr anders genannt wurde als der »grauperte Musikant«. Es musste ihnen ja unverständlich und sonderbar bleiben, dass er vor sich hinsummte und mit den Armen den Takt schlug, dass er sich unter die Bäume warf, um rasch ein paar Zeilen einer Eingebung niederzuschreiben oder auch nur durch die Zweige in den Himmel zu schauen.

Ebenso ging es mit den Hausleuten. Der unbequeme Mieter wohnte knapp eine Woche in der Probusgasse 6, da gab es bereits die ersten Anstände: der Mieter vom Erdgeschoss kam herauf und empörte sich bei Beethovens Dienerin, weil an seiner Decke große feuchte Stellen seien. Wieso das?

Wer Beethovens Gewohnheiten kannte, wusste, woher die Flecken kamen. Nach stundenlangem Komponieren pflegte der Erhitzte kurzerhand einen Zuber Wasser zu nehmen und sich daraus wahre Fluten über Kopf und Brust zu gießen. Es war seine Erfrischung nach intensivster Anstrengung, die er notwendig brauchte. Vorsicht

Beethoven mit dreiunddreißig Jahren, noch jung, doch voller Melancholie wegen des schwindenden Gehörs.

ließ er dabei nicht walten, und die Sturzbäche bildeten große Lachen im Zimmer, die langsam durch die Hölzer des Fußbodens rieselten. Da Beethoven auf diese Bäder nicht verzichten konnte, blieb es dabei: die Decke war feucht, und man war mit der unteren Mietpartei »zerkriegt«.

Hinzu kam, dass der Meister keine festen Arbeitszeiten kannte. Wenn seine Eingebungen kamen, setzte er sich an das Klavier und begann laut und dröhnend darauf zu spielen. Das konnte stundenlang gehen, und es war Beethoven gleich, ob es eben Mitternacht geschlagen hatte oder die Sonne aufging. Nicht gleich aber war es den Mitbewohnern im Haus: sie wollten ihre Nachtruhe durchaus nicht aufgeben wegen des »grauperten« Mieters. Also gab es erneute Klagen und Differenzen. Das Ende sah so aus, dass Beethoven eine Besserung des Zustandes gelobte, die er dann doch nicht einhalten konnte – ganz einfach, weil es nicht in seiner Macht stand.

HERBST 1802

Ende Oktober 1802 kehrte Beethoven nach Wien zurück, wo er für kurze Zeit im 4. Stock am Petersplatz Logis fand. Dort unterrichtete er den Sohn seines ehemaligen Lehrers, des Komponisten Emanuel Alois Förster, der im gleichen Haus wohnte.

Der kleine Förster war eben sechs Jahre alt, und es blieb ihm zeitlebens unvergesslich, wie er schon in der Frühe um 6 Uhr zu Beethovens Wohnung hinaufsteigen

Beethoven-Haus, Wien 19, Döblinger Hauptstraße 92.
Im Döblinger »Biederhof« entstanden die größten Teile der »Eroica«, die er seit fünf Jahren in Fragmenten mit sich herumtrug.

musste, um seine Lektion zu bekommen. Außerdem war der Lehrer recht streng mit dem Kind: er duldete keine Fehler und schlug mit einer stählernen Stricknadel einmal so kräftig auf die kleinen Finger, dass es ein großes Geschrei gab.

Diese schmerzhaften Lektionen blieben zur Freude des Schülers nach einigen Monaten aus, weil Beethoven erneut umzog. Und zwar in das »Rote Haus« an der Alserkaserne in der Alservorstadt zu seinem Jugendfreund Stephan von Breuning, mit dem er auch die Mahlzeiten einnahm. Obwohl Beethoven hier alle Annehmlichkeiten genoss, hielt es ihn doch nicht länger bei Breuning als drei Monate. Eine neue, eigene Wohnung lockte – und zwar im Theatergebäude an der Wien, Laimgrube Nr. 26 – heute VI. Bezirk, Linke Wienzeile 6. Die Theaterdirektion hatte sie ihm unentgeltlich zur Verfügung gestellt, damit die Arbeit am »Fidelio« hier frei, ohne kommerzielle Sorgen um Miete und widerspenstige Hausherrn, vonstatten gehen könnte.

Diese Wohnung behagte Beethoven von Anfang an nicht. Sie lag mit allen Räumen auf der Hofseite und hatte daher die schöne Aussicht nicht, die er vor allen anderen Vorzügen von einer Wohnung verlangte. So war es ihm nur willkommen, als er mit den ersten warmen Tagen des Jahre 1803 nach Ober-Döbling hinausziehen konnte.

SOMMER 1803

»Meine Wohnung ist in Ober-Döbling Nr. 4 der Straße links«, lässt Beethoven einen Freund wissen. Es war der sogenannte »Bieder-Hof« – ein einfaches, in den Weinbergen gelegenes, ebenerdiges Häuschen, an das sich ein langer, schmaler Weingarten anschloss. Beethoven hatte hier vier Räume bezogen: vom Flur trat man in die Küche ein, gelangte dann in zwei größere Zimmer und anschließend in das Schlafgemach.

Im »Biederhof« schuf Beethoven den größten Teil der »Eroica« – seiner 3. Symphonie in Es-Dur, die er schon seit dem Jahre 1798 in Fragmenten mit sich herumtrug. Als er sie in diesem Sommer vollendet hatte, widmete er sie Napoleon, dessen idealistisch-freiheitliche Gesinnung in vielem an die seine anklang. Wir kennen jedoch Beethovens Reaktion auf Napoleons Proklamierung zum Kaiser. Er zerriss das Widmungsblatt mit den Worten: »Ist er auch nicht anders wie ein gewöhnlicher Mensch! Nun wird er auch alle Menschenrechte mit den Füßen treten, nur seinem Ehrgeiz frönen. Er wird sich nun höher als alle anderen stellen, ein Tyrann werden.«

In Ober-Döbling lebte Beethoven gesellig. Vor allem nahm er teil an den Nacht-Musiken, die regelmäßig stattfanden. Den Abschluss bildete meist ein Mahl im Gasthaus »Zum Hirschen«, bei dem er selten fehlte.

HERBST 1803

Mit Eintritt des Herbstes kehrte er in seine Dienstwohnung im Theatergebäude an der Wien zurück. War er hier auch frei von allen Mietzins-Sorgen, so drückte ihn doch die düstere Atmosphäre nieder. Schmerzlich entbehrte er die Aussicht über die Glacis oder auch nur auf die Straße. Wenn er vom Pult aufstand und ans Fenster trat, gähnte ihn die öde Leere des engen Hofes an.

Stephan von Breuning (1774–1827), um 1825, Lithographie (mit faksimilierter Unterschrift).

Außerdem war sein Befinden durchaus nicht gut; er hatte wieder häufig unter Koliken zu leiden. Auch die Lebertätigkeit schien gestört. So folgte er denn gern der erneuten Einladung seines Jugendfreundes Stephan von Breuning – des »guten, edlen Steffen«, wie er ihn nannte – in das Rote Haus an der Alserkaserne. Er fand hier nicht nur Logis, sondern auch Kost und Betreuung; und Breuning hielt unter Hintanstellung seiner eigenen Person dem Freund alle elementaren Dinge fern.

Beethoven brauchte gerade in dieser Zeit uneigennützigen Beistand so nötig. Die Abnahme seines Gehörs machte sich erschreckend bemerkbar, und zwangsläufig nahmen Verschlossenheit und Misstrauen gegenüber den Menschen zu. Eine fieberhafte Erkrankung machte ihn viele Wochen hindurch bettlägerig, so dass Breuning an den gemeinsamen Freund, Franz Gerhard Wegeler, schrieb: »… Kaum bei mir, verfiel Beethoven in eine heftige, am Rande der Gefahr vorübergehende Krankheit, die zuletzt in ein anhaltendes Wechselfieber überging. Besorgnis und Pflege haben mich da ziemlich mitgenommen …«

Ein wahrer Freund war der Jurist im Wiener Hofkriegsrat, Stephan von Breuning, der Beethoven bei sich aufnahm und nach schwerer Krankheit gesund pflegte.

MANCHMAL EIN HERZHAFTES VERGNÜGEN

In seinen Lebenserinnerungen hat Franz Grillparzer es überliefert: zeitweilig hatte der große Komponist neben dem erlesenen Damenflor, der ihn umgab, auch ein Faible für erdhafte Geschöpfe. Wie das dralle Bauernmädchen Lise Flehberger aus Ober-Döbling. Immer wieder lenkte der Meister seine Schritte anno 1803 von seinem damaligen Domizil, Ober-Döbling Nr. 4 im Biederhof, stadtauswärts, wo ein nicht eben gut beleumdeter Mistbauer, Johann Flehberger genannt, seine Landwirtschaft betrieb. Dessen Tochter Lise, ein kräftiges, nicht unhübsches Geschöpf, hantierte meist bei geöffnetem Hoftor mit der Heugabel und verstand es stets so einzurichten, dass sie die Aufmerksamkeit der Vorübergehenden erregte. So auch jene Beethovens. Mit kräftigen Schwüngen, die fast das enge Mieder zu sprengen drohten, werkte sie auf dem Heuwagen, warf kokette Blicke und setzte sich in Positur.

Beethoven sah ebenso verwundert wie bewundernd diesem Treiben fast täglich zu. Als dann der Bauer wegen »ungebührlichen Verhaltens« und einer Rauferei vor Gericht kommen sollte, was Beethoven zu Ohren kam, lief er flugs zur Polizei, um sich für diesen Flehberger wärmstens einzusetzen.

Über den Fall ist weiter nichts bekannt. Er zeigt aber, dass Beethoven auch für Reize von Weiblichkeit aus dem Volk durchaus nicht unempfänglich war.

FRÜHJAHR 1804

Breuning pflegte den Freund wahrhaft aufopfernd, bis er so weit hergestellt war, dass er – im Frühjahr 1804 – mit neuen Kräften auf sein geliebtes Land ziehen konnte. Dieses Mal hatte er gleich zwei Sommerwohnungen – und zwar eine in Baden, eine in Döbling. Den ganzen Monat Juli verbrachte er in Baden – es ist jedoch nicht bekannt geworden, wo er dort wohnte.

Da sehr viel Kurbetrieb in Baden war, fühlte sich Beethoven gestört, was aus einem Brief an seinen Schüler Ferdinand Ries hervorgeht, in dem es heißt: »... Wir haben schlechtes Wetter hier und ich bin vor den Menschen hier nicht sicher: ich muß mich flüchten, um einsam sein zu können... Jetzt bitte ich Sie, lieber Ries, gleich nach Empfang dieses Briefes zu meinem Bruder, dem Apotheker, zu gehen, und ihm zu sagen, daß ich in einigen Tagen schon Baden verlasse, und daß er das Quartier in Döbling gleich, nachdem Sie es ihm angekündigt, miethen soll. Fast wäre ich schon heute angekommen. – Treiben Sie um Himmels willen, daß er es gleich miethet, weil ich gleich allda in Döbling hausen will …«.

Wie man sieht, pressierte es dem Unruhigen wieder einmal über alle Maßen, das Quartier zu wechseln. Dass es ihm dennoch in Baden und seiner Umgebung gut gefiel, davon zeugt ein Ausspruch während eines Spazierganges: »… Hier sitze ich oft stundenlang und meine Sinne schwelgen in dem Anblick der empfangenden und gebärenden Kinder der Natur. Hier verhüllt mir die majestätische Sonne kein von Menschenhänden gemachtes Dreckdach, der blaue Himmel ist mein sublimes Dach …«

HERBST UND WINTER 1804

Im Herbst sollte Beethoven endlich widerfahren, was längst sein sehnlichster Wunsch gewesen war: es fand sich eine ideale Wohnung, die ihm in Zukunft immer offen stand. Eine, in der er sich wohl fühlte, mit einem Hausherrn, der hochherzig und gebildet war – wahrlich eine Rarität! Sein Schüler Ferdinand Ries hatte ihn auf diese Wohnung aufmerksam gemacht, da er Beethovens Vorliebe für die Bastei kannte.

So zog er Mitte Oktober 1804 in das sogenannte »Pasqualatische« Haus auf der Mölkerbastei Nr. 8 in den vierten Stock. Von hier genoss er eine prächtige Aussicht auf die Vorstädte, über das die Stadt umgebende Glacis und das weite Land; ja, er konnte bis zur Bergkette des Wienerwaldes hinaussehen.

Der Baron Pasqualati, der in Wien eine Wechselstube unterhielt, war selbst ein großer Musikfreund und zugleich ein Verehrer Beethovens. Das Haus war vierstöckig und herrschaftlich – es überragte die Häuser der Umgebung weit. Beethovens Wohnung lag direkt neben der Hauptmauer. Aus dieser Tatsache entwickelte sich der einzige nennenswerte Streit, den es in all den Jahren zwischen dem Mieter und seinem Hausherrn gegeben hat: da nämlich das angrenzende Gebäude nur zwei Stock hoch war, blieb die Hauptmauer somit frei. Beethoven überlegte nicht lange, sondern bestellte einen Maurer, um in diese Mauer einen Durchbruch und ein Fenster machen zu lassen. Er hatte sich in den Kopf gesetzt, auch die Aussicht ganz nach rechts über den Prater zu genießen und das Zimmer mit zwei Fenstern auszustatten.

Fassade des Hauses Mölkerbastei 8, lavierte Federzeichnung, 39,9 x 35,8
Bez. Mi. u.: Hauptfassade des Hauses 1166

Das Haus Mölkerbastei 8 trug von 1821 bis 1861 die Konskriptionsnummer »Stadt 1166«. Vor 1791 wurde es nach Plänen des Architekten Peter Müllner umgebaut. Aufgrund eines Hinweises seines Landsmanns und Schülers Ferdinand Ries mietete Beethoven eine

Joseph Benedikt Freiherr von Pasqualati (1733–1799), um 1780.

Wohnung im obersten – dem vierten – Stockwerk.

Im Juli 1804 zog Beethoven zum ersten Mal in das Pasqualati-Haus auf der Wiener Mölkerbastei. Er sollte die Wohnung viele Male aufgeben und doch wieder neu beziehen.

Dem unsteten Mieter war der Hausherr, Baron Joseph Benedikt von Pasqualati bis zum endgültigen Auszug 1814 ein verständnisvoller Freund, der die Eigenheiten Beethovens respektvoll tolerierte.

Durch das Eingreifen des Hausmeisters wurde aus diesem Plan nichts. Beethoven musste den Maurer entlassen und kündigte daraufhin – erzürnt über die vermeintliche Ungefälligkeit des Barons – sofort die Wohnung. Er hatte ja schließlich noch die Dienstwohnung im Theater an der Wien. Sobald sich aber der erste Zorn gelegt hatte, verlangte es ihn doch wieder nach dem Pasqualatischen Tusculum. Er ließ beim Baron anfragen, ob er wieder einziehen dürfe, was dieser hocherfreut genehmigte. Beethoven kam also mit Sack und Pack zurück.

Dieses Spiel wiederholte sich in den folgenden Jahren noch einige Male. Immer waren es die Zerstreutheit und Ungeduld des Mieters, die zu kleinen Misshelligkeiten führten und ihn zeitweise vertrieben. Doch der Baron sah ihm alles nach und nahm ihn immer wieder auf, sobald sich nur der geringste Ansatz dafür zeigte. Ja, schließlich gab er wohlmeinend seinem Hausmeister die feste Anweisung: »Das Logis wird nicht vermietet; Beethoven kommt schon wieder.«

FRÜHLING 1805

Doch kehren wir zum Jahr 1805 zurück. Schon der Mai sah Beethoven in Hetzendorf draußen. Die Wohnung ist nicht bekannt geworden. Hier vollendete er den »Fidelio«, und zwar in der ersten Fassung, die zu einem Misserfolg führen sollte.

WINTER 1805–1806

Zum Winter kehrte er in das »Pasqualatische Haus« zurück, wie auch das Adressbuch der Stadt Wien vom Jahre 1805 Beethovens Anschrift einerseits im Pasquali-Haus angab – dort lebte er ganz abgesondert und schloss sich zur Arbeit ein –, zum anderen im Theatergebäude an der Wien, wo er seine Besucher empfing.

Dass Beethoven sich von der Welt absonderte, hatte seinen triftigen Grund. Er wäre vor lauter Besuchen nicht zum Komponieren gekommen. Schon in diesen Jahren sprachen viele Fremde bei ihm vor, die seine

Beethoven. Ölbild von Isidor Neugaß.

Musik kannten und liebten und den Meister zu sehen wünschten. Beethoven empfand diese Besuche zum größten Teil als unliebsame Störung. Er gab also seinem Bediensteten strenge Anweisung, niemanden vorzulassen – es sei denn, er melde sich vorher rechtzeitig an. Der Diener hielt sich an das Gebot – und so mancher alte Freund wurde dadurch gekränkt. Viele seiner Verehrer zeigten aber Verständnis für diese Maßnahme – so der Fürst Lichnowsky, der manche Stunde geduldig bei dem Diener im Vorzimmer wartete, bis sich endlich die Tür zum Arbeitszimmer öffnete und der »Fürst der Töne« heraustrat – nicht selten übel gelaunt, wenn er Besuch vorfand.

Dabei war er jedoch gastfreundlich und lud gern zu Tisch ein, wie er es überhaupt vorzog, in Gesellschaft zu speisen. Hatte er jemanden besonders in sein Herz geschlossen, so bat er ihn, am Freitag sein Gast zu sein. Denn da gab es Fische zum Mittagessen, die Beethovens Leibspeise waren. In seiner Naivität setzte er voraus, dass auch der Gast sie liebte, und das Mahl wurde – allein aus seiner herzhaften Esslust heraus – selbst für Fisch-Gegner zum unvergesslichen Erlebnis.

Beethovens Mahlzeiten waren einfach. Er äußerte einmal gegen einen Besucher, Louis Schlösser aus Darmstadt: »Bleiben Sie zum Mittagessen hier; ein glänzendes Diner kann ich Ihnen zwar nicht anbieten, aber wir werden beide nicht hungrig vom Tische aufstehen – ça suffit.« Dabei war er ein kräftiger Esser, der oftmals Qualität durch Quantität ersetzte, wie zum Beispiel bei der Brotsuppe, die es meist am Fasttag gab. Es mussten ihm dazu auf einem Teller zehn frische Eier serviert werden, die er sorgfältig auf ihren Geruch prüfte, gegen das Licht hielt und erst bei gutem Befund aufschlug, um sie in die Suppe zu rühren. Waren die Eier nicht ganz delikat, so zitierte ein Machtwort die Haushälterin an den Tisch, und es kam nicht selten vor, dass Beethoven so in Zorn geriet, dass die Eier aus dem Fenster oder gegen die Wand flogen. Einmal trafen sie sogar den Rücken der Köchin, die darauf rasch in Deckung ging. Wenn die Wogen sich geglättet hatten, konnte der heikle Haushaltungsvorstand selbst herzhaft über den Vorfall lachen.

Eine weitere Vorliebe hatte Beethoven für Makkaroni mit Parmesankäse. Dieses Leibgericht konnte ihn hoch beglücken – wenn es gelungen war. Doch zu oft verkochten die Nudeln, weil er die Essenszeit über seinen Inspirationen vergaß, auch wohl einen Spaziergang länger ausdehnte. Dann bekam es die arme Köchin kräftig zu spüren, ohne dass sie die eigentliche Schuld traf. Eine Nudelgeschichte ist uns überliefert worden: Beethoven hasste es, wenn er von der Bedienung in seinen Gesprächen und Gedanken bei Tisch gestört wurde. Daher

Baronin Pasqualati Hausherrin Beethovens im Pasqualati-Haus Wien.

sollten alle Speisen zu gleicher Zeit vor dem Essen aufgetragen werden. Da sich aber im Gespräch das Tafeln meist sehr lang ausdehnte, wurden die Gerichte kalt und fast ungenießbar. Das wollten nun wiederum die Haushälterinnen nicht auf sich sitzen lassen – weshalb sie immer wieder versuchten, Beethovens Gebot zu umgehen. Der Londoner Harfenfabrikant Johann Andreas Stumpff hat uns eine solche Szene überliefert. Er war bei Beethoven zum Essen und berichtet:

»... Der Wein, der gut und rein war, erweckte die Lebensgeister bei meinem Wirt, der immer die beiden Gläser so recht behaglich füllte und leerte und seinem Gast immer das erste zuschob, und da er ununterbrochen fort sprach, so kamen witzige und drollige Einfälle ans Licht, worüber er oft selber laut auflachte und ich mit klatschenden Händen dieselben bejubelte. – In einem solchen Erguss schlich sich seine mürrische Haushälterin zur Tür herein und setzte eine Schüssel mit Nudeln auf den Tisch, glaubend, sie würde nicht bemerkt werden, als Beethoven plötzlich laut aufschreiend zu ihr sagte: ›Du widerspenstiges Weib, wer hat dir geheißen, das Verbotene zu tun?‹ Er schob ihr die Schüssel mit den rauchenden Nudeln entgegen, die sie mit der Schürze auffing – die Alte, die ihren Herrn kannte, entfernte sich so geschwind wie möglich, und laut aufbrummend verschwand sie ...«

DIE PERLE

»Der Alltag erschöpft mich«, hat Ludwig van Beethoven seinem Tagebuch anvertraut. Es war aber vor allem der Umgang mit dem Dienstpersonal, der den großen Komponisten plagte. Denn der ewige Junggeselle und »grauperte Musikant«, wie Fernerstehende ihn nannten, hatte keine sehr glückliche Hand in der Wahl »guter Geister«. Es kam sogar zu Raufhändeln mit dem Bedienten, der dem Meister das Gesicht zerkratzte, und zu Tätlichkeiten mit den Stubenmädchen, worüber er dann notierte: »Vorgestern fing die N. an, mich auf ihre allem Mistvolk eigene Art des Läutens wegen aufzuziehen ... gestern morgen gingen die Teufeleyen wieder an, ich machte kurzen Spaß und warf der B. meinen schweren Sessel auf den Leib, dafür hatte ich dann den ganzen Tag Ruhe.«

Natürlich blieb das Personal unter solchen Umständen nie lange im Haushalt. Es wurde ständig gewechselt.

Endlich, gegen Ende seines Lebens, sollte der Verzweifelte das Glück haben, noch eine »treue, ehrliche« Perle zu finden, und zwar durch Vermittlung seiner Schwägerin Therese van Beethoven.

Es handelte sich um Barbara Holtzmann, eine 66jährige Witwe, aus der Oberen Pfarrgasse Nr. 60 in Wien. Sie hatte immer als Köchin in guten Häusern gedient. Dann stand sie dem Haushalt ihres Sohnes, eines Hofvergolders, vor. Doch dieser geriet durch »üble Wirtschaft«, wie man das damals ausdrückte, in Not, so dass Frau Holtzmann neuerlich in Stellung gehen musste.

Von Therese van Beethoven, die Frau Holtzmann schon länger kannte, wurde sie sehr gelobt: »Diese Frau kann auch gut einkaufen und ist treu«, schrieb sie dem geplagten Meister in sein Konversationsheft. Und ihr Bruder, der Bäckermeister Obermayer ergänzte: »Sie können sich auf sie verlassen, indem ich selbst willens war, wenn ich eine Mühle kaufe, sie als Wirtschafterin zu nehmen.« Und er fügte nach kurzer Unterhaltung hinzu: »Ich bin überzeugt, daß Herr van Beethoven die Gerichte loben werden, welche sie Ihnen aufsetzen wird, weil sie eine Köchin ist!«

Nach reichlichem Feilschen um den Lohn wurde man dann einig: Barbara Holtzmann fing ihren Dienst beim Meister schon drei Wochen später an. Und sie blieb bei ihm bis einige Monate vor seinem Tode, im Jahre 1827.

Mit dem Einzug der treuherzigen Frau, die ein von der Küche abgeteiltes Zimmer bewohnte, gestalteten sich Beethovens häusliche Verhältnisse weit freundlicher, so dass der Neffe notieren konnte: »Seit langer Zeit wieder eine ganz gute Suppe.«

Allerdings war Beethovens Bezahlung nicht sehr gut; bei seinem stets barschen Wesen wagte Frau Holtzmann nicht, ihn deswegen zu fragen. Sie steckte sich hinter den Neffen Karl, der ihm zuredete: »Da thut sie gar Alles, wenn du ihr 20 Florin versprichst!«

Der haushälterische Beethoven fand dies zu hoch, weil er außerdem auch noch »Brotgeld« gäbe. Worauf Karl meinte: »Am bescheidensten ists, gar kein Brotgeld zu geben, sondern für Alle beyden Dienstbothen alle Täge einen großen Laib kaufen zu lassen.«

Neben der Haushälterin hatte Beethoven nämlich auch einen Dienstboten aufgenommen, der ihm in seinen Forderungen unverschämt erschien. Karl notierte: »Er ist ja auch nicht der einzige Bediente in der Welt; man wird wohl noch Andre finden …«

Es kam hingegen, wie so oft: der Zorn verrauschte, der Diener blieb.

Die Botengänge jedoch übertrug der Meister jetzt lieber der Haushälterin, die er deshalb oft scherzhaft »seine schnellsegelnde Fregatte« nannte. Und wegen ihrer Vorliebe für »geistige Getränke« erhielt sie obendrein den Kosenamen »Frau Schnaps«.

Allerdings gab es auch bald bei ihr etwas auszusetzen. Der Neffe vermerkte: »Sie ist leichtsinnig, als wenn sie ein Kind wäre. So alt, so eitel dabey. Immer schafft sie sich neue Kleider.«

Dann bemängelte Beethoven die hohen Haushaltskosten, und Karl erwähnte altklug: »Das Obers wird doch offenbar nur für sie geholt, denn es bleibt immer weit mehr als die Hälfte übrig von uns.«

Wie man sieht, einen leichten Stand hatte die mittlerweile Siebzigjährige bei dem »hehren Meister« gewiss nicht. Jede Kleinigkeit wurde ihr zum Schlechten ausgelegt.

Da Beethoven öfter unter Verdauungsstörungen litt, musste auch der Speisezettel sehr bedacht aufgestellt werden. Fische bevorzugte er gesotten, das Gemüse auf »englische Art« gekocht, mit einer sämigen Sauce. Lieblingsspeisen waren Rebhühner und Indians.

Auch eine Ente, mit Maronen gefüllt, kam oft auf den Tisch.

Die häufigen Umzüge Beethovens brachten viel Unruhe für die alte Frau Holtzmann. Denn der Meister beauftragte sie mehr und mehr damit, für ihn Quartier zu machen. Sich Wohnungen anzusehen, mit Hausherrn zu verhandeln, Handwerker zur Renovierung zu beschaffen und dergleichen mehr.

Kein Wunder, wenn sie sich eines Tages der großen Beanspruchung nicht mehr gewachsen sah und »in die Versorgung« ging, wie man das noch heute in Wien nennt. In diesem Falle war es das Altersheim zu St. Marx, das »kränkliche und abgelebte Bürger und Bürgerinnen verpflegte und unterbrachte«.

Doch bald zeigte sich, dass Frau Holtzmann noch zu beweglich für ein Rentnerinnendasein war. Sie fragte bei Beethoven an, ob er sie wieder brauchen könne. So dass der Neffe notierte: »Donnerstag hält die Frau Schnaps ihren Einzug in Penzing. Ich glaube, du wirst gut mit ihr fahren.«

Nun wurde wieder eifrig gekocht und gebraten. Es gab »Lungenstrudel, Rindfleisch mit Sauerampfen, Erdäpfel abgeschmalzen, Kälbernen Brustkern, Duckänten, Rohrhühner und Hasen«.

Als sie dann endgültig aus dem Dienst trat, fasste sie ihre Meinung über Beethoven in die knappen Worte: »Er ist zu Huh und zu Kauh!« Was soviel heißt, wie: »Er ist übereilt und zu exaltiert!«

In die Historie aber ist sie als die »gute Haushälterin« des Genies für alle Zeit eingegangen. Sie war Beethovens langjährige Köchin, Barbara Holtzmann, 1755 ge-

Gnade unter den Augen des genialen Despoten fand einzig »Frau Schnaps«. Mutterwitz und Kochkünste halfen dabei.

boren. Ihre Handschrift in den Konversationsheften ist verbürgt.

Ein besonderer Genuss war für Beethoven Kalbsbraten. Der Musikverleger Moritz Schlesinger erlebte einmal, wie Beethoven sehr aufgebracht ein Gasthaus verließ, weil man dort keinen Kalbsbraten hatte. Er folgte ihm nach Hause und machte ihm seinen Besuch. »Beethoven ließ sich sogleich gehen und sagte mir, er sei der unglücklichste Mensch von der Welt; soeben komme er aus dem Wirtshause, wo er ein Stück Kälbernes, wozu er Lust verspürt, verlangt habe; aber es sei keines da gewesen; – das alles mit sehr ernster, finsterer Miene. Ich tröstete ihn, wir sprachen … von anderen Dingen, und so hielt er mich wohl zwei Stunden fest … Ihn verlassend, eilte ich in meinem Wagen zurück nach Wien, fragte sogleich meinen Wirtssohn, ob man einen Kalbsbraten fertig habe, und auf dessen Bejahung ließ ich denselben auf eine Schüssel legen, wohl zudecken, und sandte, ohne ein Wort dazu zu schreiben, einen Mann in dem behaltenen Wagen nach Baden, um ihn an Beethoven in meinem Namen zu bringen. Am anderen Morgen

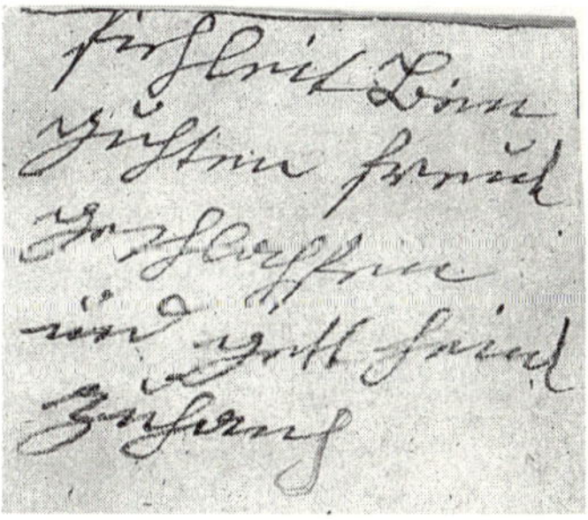

Handschrift von Beethovens Köchin.

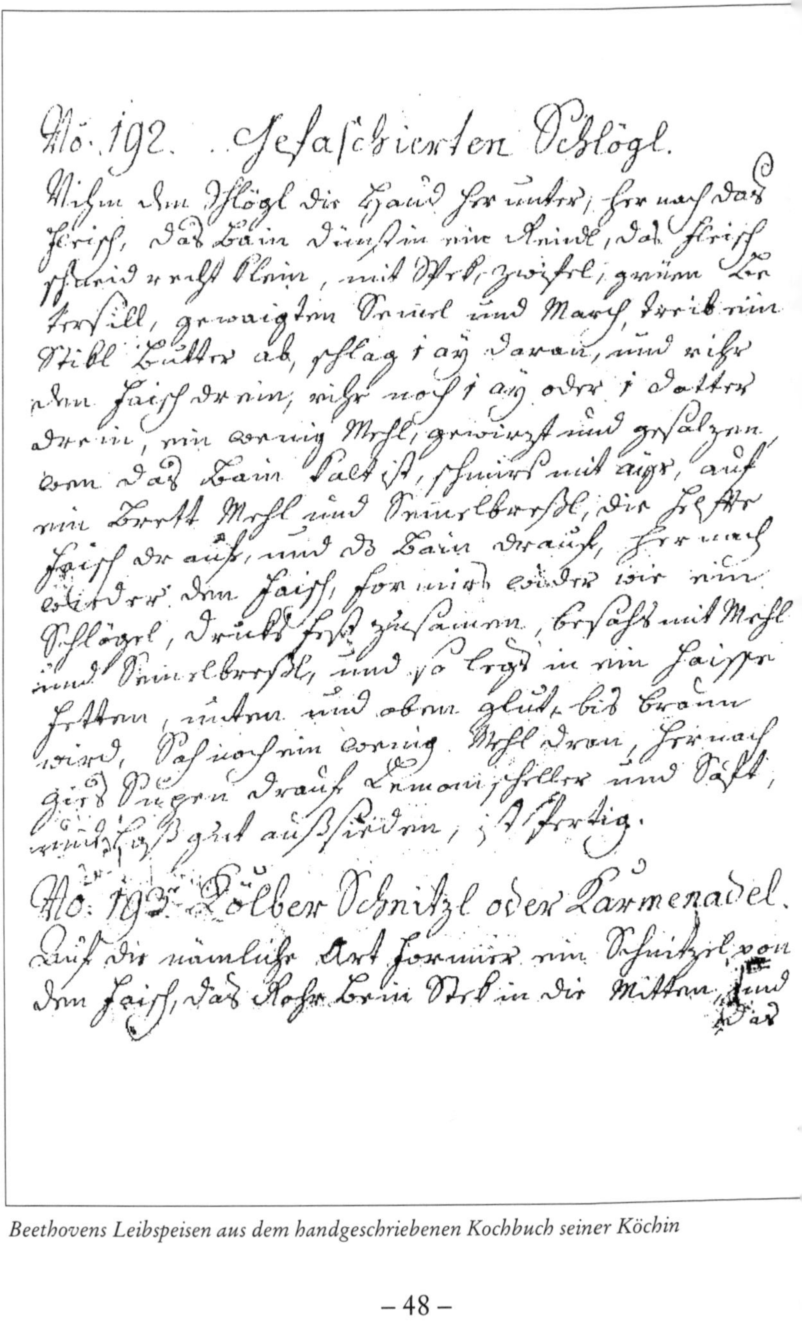

No. 192. Gefaschierten Schlögl.
Nehm den Schlögl die Haud herunter, hernach das Fleisch, das Bain dünsten wie Rinde, das Fleisch schneid recht klain, mit Schalotzwifel, grünem Petersill, geweichtem Semmel und Marck, treib ein Stückl Butter ab, schlag 1 ay daran, und rühr den Faisch drein, rühr noch 1 ay oder 1 dotter drein, ein wenig Mehl, gewürzt und gesalzen, wenn das Bain kalt ist, schmier's mit ayr, auf ein Brett Mehl und Semmelbröseln, die Helfte Faisch darauf, und das Bain darauf, hernach wieder den Faisch, formier wieder wie ein Schlögel, drückt fest zusamen, bestreut mit Mehl und Semmelbröseln, und so legt in ein Faisser Fetten, unten und oben glut, bis braun wird, schüttet ein wenig Mehl dran, hernach gieß Suppen drauf Lemonischeller und Säft, und laß es gut aufsieden, ist fertig.

No. 193. Kölber Schnitzl oder Karmenadel.
Auf die nämliche Art formier ein Schnitzel von dem Faisch, das Rohr bein Stk in die Mitten und das

Beethovens Leibspeisen aus dem handgeschriebenen Kochbuch seiner Köchin lag ich noch im Bette, da kam Beethoven zu mir, küßte und herzte mich und sagte, ich sei der beste Mensch, den er je angetroffen; nie habe ihn etwas so glücklich gemacht als dieses Kälberne in dem Augenblick, wo er sich so sehr danach gesehnt habe.«

An Getränken bevorzugte Beethoven süße Weine, in deren Wahl er nicht immer ganz glücklich war. Zumeist kam der rote Österreichische auf seinen Tisch, weil er eine Abneigung gegen den schweren ungarischen Wein hatte. Im Sommer hielt er sich an Brunnenwasser, das er in Mengen zu sich nahm.

SOMMER 1806

Den Sommer des Jahres 1806 verbrachte der Meister wieder in Baden bei Wien, und zwar im sogenannten Johannesbad. Hier gab er einem seiner liebsten Schüler, Ferdinand Ries, Klavierunterricht. Doch es kam manchmal vor, dass der Meister an solch einem herrlichen Sommertag sagte: »Wir wollen heut nicht Unterricht nehmen; wir wollen lieber zusammen spazieren gehen, der Morgen ist so herrlich.« Dann streiften beide durch die weiten Wälder und freuten sich am reichen Zauber der Natur.

An einem solchen begnadeten Sommermorgen empfing Beethoven die Impulse für das letzte Allegro der großen F-Moll-Sonate, der Appassionata, das er noch im Mantel seinem jungen Weggenossen mit glänzenden Augen vorspielte. Aus der innigen Zwiesprache mit der herrlichen Badner Landschaft erwuchsen Beethoven seine machtvollen Einfälle. Er fasste seine Gefühle für die Natur einmal in die Worte: »Ist es doch, als wenn jeder Baum zu mir spräche auf dem Lande: heilig, heilig! – Im Walde Entzücken, wer kann alles ausdrücken! – Süße Stille des Waldes!«

WINTER 1806

Der Winter sah den unruhigen Meister wieder im Hause des Barons von Pasqualati, wo er – auch ohne das angestrebte Fenster zum Prater hinaus – sehr zufrieden wohnte. Die Dienstwohnung im Theater an der Wien blieb ihm daneben vorbehalten, doch war sie ihm so unlieb wie die Jahre zuvor.

Er pflegte nur für kurze Stunden hinüberzugehen, in denen er dort Besuche erwartete.

X zum Schwarz.[en] *Kameel*
Süßer u. bitterer
Cypro die große
halb Maaß Flasche 1 fl.
12x *c.m.* Süßer)
die kleine 1/4tel [Süsser]) 36x *c.m.*
Bittern die große 1/2 1 fl. 36x *cm*
die kleine bittern <-> 48x
allda *gumpold Kirchner*
u. andere Sorten die
Maaß 48x w.w.

[2. Seite]
[Neffe Karl:]
Die Eine, die ich auf morgen bestellt
habe, u. von der ich Dir gestern sagte,
daß sie um halb 2 Uhr hier seyn wird,
könntest Du gleich ansehen. Geschwätz
von der Alten aus werde ich schon verhindern.

Ob sie die Würste braten soll.

Ich gehe jetzt gleich zu Holz,
und dann zur Regierung.

Wegen

Morgen kannst du dann das Geld schicken.

Häufig erschienen im Schwarzen Kamel auch Beethoven und sein Neffe Karl gemeinsam, um Bestellungen für Wein aufzugeben. Eine solche Zwiesprache per Konversationsheft hebt man im Schwarzen Kameel handschriftlich als Rarität auf.

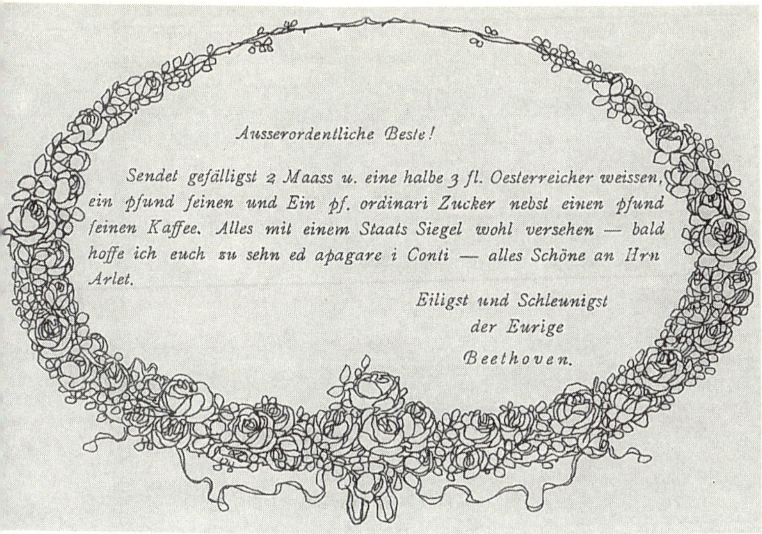

Ausserordentliche Beste!

Sendet gefälligst 2 Maass u. eine halbe 3 fl. Oesterreicher weissen, ein pfund feinen und Ein pf. ordinari Zucker nebst einen pfund feinen Kaffee. Alles mit einem Staats Siegel wohl versehen — bald hoffe ich euch zu sehn ed apagare i Conti — alles Schöne an Hrn Arlet.

Eiligst und Schleunigst
der Eurige
Beethoven.

Beethoven verkehrte oft auch im Schwarzen Kameel, Wien I, Bognergasse. Gern bestellte er dort seinen Wein.

Im Laufe der Zeit gestaltete sich das Verhältnis zwischen Beethoven und dem Baron Pasqualati freundschaftlich. Gern half der erfahrene Finanzmann dem weltfremden »Kind« bei Rechtsstreitigkeiten und dem Erwerb von Wertpapieren, den Beethoven schon damals in bescheidenem Maße anstrebte. Dieses Verhältnis dauerte ungetrübt bis zum Tode Beethovens. Noch auf seinem letzten Lager empfing der Kranke die Gaben des Barons – Champagner, Dunstobst und Gebäck –, ein Labsal, für das Beethoven in einem rührenden Brief dem »verehrten Freunde« innigst dankte.

Die III. Leonoren-Ouvertüre widmete er in Dankbarkeit seinem »Freunde Pascolati« – diesem wohlmeinendsten, nobelsten seiner vielen Hausherrn.

DAS JAHR 1807

Im Frühjahr und Sommer besuchte Beethoven wieder das liebgewordene Baden, wo er auch eine Brunnenkur im Johannesbad unternahm. Wir wissen, dass seine damalige Badener Wohnung sich in der Grabengasse befand; das Haus aber bleibt trotz umfangreicher Forschungen unauffindbar.

Die Kur war gerade 1807 bittere Notwendigkeit. Denn Beethoven hatte sich nicht nur über seine fortschreitende Taubheit zu beklagen, sondern auch über eine hochgradige Kurzsichtigkeit, die ihn bewog, Brillen zu tragen. Zu Freunden und Bekannten klagte er viel über Augenschmerzen, und es war offensichtlich, dass die ewige Nachtarbeit bei flackerndem Kerzenlicht ihre bösen Folgen zu zeigen begann.

Hinzu kamen dauernde Ärgernisse mit dem Hauspersonal. Nicht umsonst hat Beethoven einmal resigniert festgestellt: »Das Alltägliche erschöpft mich.« Er kam mit dem Alltag und seinen Erfordernissen einfach nicht zurecht. Mehr denn je befand er sich in einem Zustand der Zerstreutheit, der durch das üble körperliche Befinden noch erhöht wurde. So duldete er absolut keine ordnende Hand zwischen seinen Notenstößen – und wie gern hätten ihm seine Freunde und Schüler hier geholfen –, war andererseits aber unleidlich, wenn dies und das unauffindbar blieb.

Die Unordnung in Beethovens Hauswesen nahm bi-

Das Jahr 1807 sah Beethoven im Frühjahr und im Sommer zur Kur in Baden. Seine Taubheit und Schmerzen in den Augen besserten sich leider nicht.

zarre Formen an. Besucher schilderten sie als »wahrhaft admirable Konfusion«. Bücher und Musikalien waren in alle Ecken verstreut: »dort das Restchen eines kalten Imbisses – hier versiegelte und halbgeleerte Flaschen; dort auf dem Stehpult die flüchtige Skizze eines neuen Werkes – hier die Reste eines Déjeuners – dort auf dem Piano auf bekritzelten Blättern das Material zu einer Symphonie – hier eine auf Erlösung harrende Korrektur – freundschaftliche Geschäftsbriefe den Boden bedeckend – zwischen den Fenstern ein Laib Strachino und erkleckliche Trümmer einer echten Veroneser Salami ...« So sahen Zeitgenossen eine Beethovensche Wohnung zu dieser Zeit.

Den Winter 1807 wohnte Beethoven wieder im Pasqualatischen Hause.

FRÜHLING UND SOMMER 1808

Mit dem Anbruch des Frühlings entfloh der Unruhige wieder in die Umgebung. Dieses Mal ging es nach Heiligenstadt hinaus, in das Haus Grinzinger Straße, jetzt Nr. 64, ein einstöckiges Landhaus, das heute unverändert besteht. Es gehörte einem Schneidermeister mit Namen Heger. Dieser Aufenthalt war insofern interessant, als darin außer Beethoven in diesem Jahr auch der 17jährige Franz Grillparzer mit seinen Eltern den Sommer verbrachte.

Beethoven hatte drei Zimmer zur Gasse hinaus, die Grillparzers wohnten zum Garten hin. Schon mit Sonnenaufgang eilte der Meister in die Natur. Die Wege um Heiligenstadt wurden seine Lieblingswege, so der zum Kahlenberg führende heutige »Beethovengang«.

Viele Jahre später vertraute Beethoven seinem getreuen Intimus Schindler an, dass zwischen Heiligenstadt und Grinzing, in einem Wiesental, die » Szene am Bach« aus der Pastorale entstanden sei – »und die Goldammern da oben, die Wachteln, die Nachtigallen und Kuckucke ringsum haben mitkomponiert ...«

Auf die Skizzen der »Pastorale«, der VI. Symphonie in F-Dur, schrieb er die denkwürdigen Worte: »... Man überläßt es dem Zuhörer, die Situationen auszufinden. Sinfonia caracteristica oder eine Erinnerung an das Landleben. Jede Malerei, nachdem sie in die Instrumentalmusik zu weit getrieben – verliert. Sinfonia pasto-

Gemeinsames Wohnen mit der Familie Grillparzer endete in der Disharmonie, Grinzingerstraße 64.

rella. Wer auch nur je eine Idee vom Landleben erhalten, kann auch ohne viele Überschriften selbst denken, was der Autor will. Auch ohne Beschreibung wird man das Ganze, welches mehr Empfindung als Tongemälde, erkennen. – Pastoralsymphonie keine Malerei, sondern worin die Empfindungen ausgedrückt sind, welche der Genuß des Landes im Menschen hervorbringt, wobei einige Gefühle des Landlebens geschildert werden …«

Leider gab es im Hause wieder Ärger. Beethoven, der es hasste, wenn man ihm beim Phantasieren zuhörte, ertappte einmal Frau Grillparzer, wie sie bei geöffneter Küchentür seinem Spiel lauschte. Daraufhin holte er sofort seinen Hut und stürzte fort. Von diesem Tag an berührte er das Klavier nicht mehr. Frau Grillparzer ließ Beethoven durch den Bediensteten wiederholt sagen, dass sie den gemeinschaftlichen Gang zwischen den beiden Wohnungen nicht mehr benutzen würde, dies auch niemand anderem gestatte, um ihn nicht zu stören.

Beethoven blieb gekränkt – und das Klavier stumm, bis zum Spätherbst des Jahres beide Mietparteien sich in die Stadt zurückbegaben.

WINTER 1808

Im Winter 1808 kehrte Beethoven nicht wieder in das Pasqualatische Quartier zurück. Er bezog vielmehr eine Wohnung bei seiner vertrauten Gönnerin, der Gräfin Maria von Erdödy, die er durch die Fürsten Lichnowsky kennen und schätzen gelernt hatte.

Die Gräfin, eine zierliche, liebenswürdige, hochmusikalische Dame, hatte den verehrten Meister schon zuvor für einige Tage auf ihr Gut Jedlersee im Marchfeld eingeladen, und die beiden waren sich auf dem Umweg über die Musik menschlich nahe gekommen. Sie wechselten rührende Briefe, und Beethoven bezeichnete die seelenvolle, 25jährige Gräfin, die drei Kinder hatte, aber seit Jahren schon gelähmt war, als den »Beichtvater meiner Seele«.

Das Haus gehörte dem Fürsten Moritz Lichnowsky, der auch den oberen Teil bewohnte. Es lag über dem Schottentor auf der Mölkerbastei Nr. 10. Beethoven bekam darin eine schöne geräumige Wohnung nach hinten zur Parkseite, während die Gräfin mit ihren Kindern den vorderen Teil innehatte. Aus dieser Hausgemeinschaft entwickelte sich ein heiterer, zwangloser Verkehr, der Beethovens Herz erwärmte. Die Gräfin ließ ihn frei gewähren – sie passte ihren Tageslauf ganz dem seinen an. So weilte er den Tag über in seinen Gemächern, um zu arbeiten, während der Abend meist die Hausbewohner zu musikalischen Soireen vereinte. An jedem Donnerstag wurde von zwölf bis gegen vierzehn Uhr musiziert. Es war das berühmt gewordene Schuppanzigh-Quartett mit den Spielern: Schuppanzigh, Sina, Weiss und Linke ins Leben gerufen und unterstützt vom russischen Gesandten, Graf Alexander Kyrillowitsch Razumovsky, der selbst ein passionierter Geigenspieler war und als großer Anhänger sowohl Haydns wie Beethovens galt.

Auf einer dieser Soireen im Dezember 1808 spielte Beethoven die beiden der Gräfin gewidmeten Trios, Opus 70 in D-Dur und in Es-Dur; er hat ihr auch die Cello-Sonaten in C-Dur und D-Dur op. 102 gewidmet. In diesen unvergänglichen Werken hat er ihr für alle Liebe und Freundschaft gedankt, mit der sie ihn lange Jahre bedachte. In einem Brief an sie drückte Beethoven das aus, was er selbst auf seinem irdischen Weg immer wieder erfahren musste: «Wir Endliche mit dem unendlichen Geist sind nur zu Leiden und Freuden geboren, und beinahe könnte man sagen, die Ausgezeichneten erhalten durch Leiden Freude …«

Hof des Wohnhauses von Beethoven und Grillparzer in Döbling, Grinzingerstraße.

DAS JAHR 1809

Beethoven erfasste wieder große Unruhe. Und da die Gräfin für einige Monate nach Jedlersee zog, machte er sich erneut auf Wohnungssuche. Am 18. März 1809 konnte er seinem Freund, Baron Gleichenstein, berichten: »Ich habe Wohnung in der Walfischgasse 1087 im zweiten Stock.«

Doch schon nach einem Monat zog er wieder aus. Am 26. April dieses Jahres gab er bekannt, dass sich »… eben eine passende Wohnung« für ihn fand. »Sie ist im Klepperstall …«

1809 war das stürmische, bewegte Jahr der Belagerung und Besetzung Wiens durch die Franzosen. Bis auf einen ganz kurzen, wohl nur zweiwöchigen Aufenthalt in Baden, hat Beethoven die Stadt nicht verlassen, so dass die Werke dieses Jahres – das Klavierkonzert op. 73, die Lebewohl-Sonate op. 81, das Es-Dur-Quartett op. 74, die Klavier-Fantasie

Grillparzer. In seinen Lebenserinnerungen schrieb Franz Grillparzer später über die Zwistigkeiten beim gemeinsamen Wohnen in Grinzing.

In aller Heimlichkeit mag auch Beethoven im stadtbekannten Haus der »schönen Nacht«, Wien 1, Kleeblattgasse, die Freuden der Liebe genossen haben. In dieser Venusfalle trafen sich auch andere Berühmtheiten ihrer Zeit wieder. Franz Janschikh fragte Beethoven in den Konversationsheften einmal: »Wohin sind sie heute gegen 7 Uhr beym Haarmarkt auf den Strich gegangen?« Auf Beethovens Antwort fügte er hinzu: »Culpam transferre in alium« – offensichtlich war Beethoven von anderen hierzu verführt worden.

Marie Gräfin Erdödy (Coll Bodmer).
Ihr widmete Beethoven viele seiner Kompositionen – er nannte Maria Gräfin Erdödy seinen »Beichtvater«.

Palais der Gräfin Maria Erdödy in Wien XXI, Jedlersee, Jeneweingasse No. 17, wo Beethoven viele Male weilte.

Beethovens Musikzimmer im Palais der Gräfin Maria Erdödy in Jedlersee.

Autorin Chris Stadtlaender mit dem letzten Besitzer des Palais, Heinrich Bönisch, der den Nachlass der Gräfin Erdödy pflegte.

Andreas Graf Razumovsky, ab 1815 Fürst (1752–1836). Als passionierter Geigenspieler wusste Beethovens Mäzen dessen Werke zu schätzen.

op. 77 und die Klaviersonaten op. 78 und 79 in dieser Wohnung im »Klepperstall« – heute Schreyvogel-Gasse – entstanden sind.

FRÜHJAHR 1810

Obwohl die beiden Häuser nicht mehr bestehen, es also nicht möglich ist, Vergleiche zwischen ihnen anzustellen, dürfte Beethovens reumütige Rückkehr in das Pasqualatische Haus Anfang 1810 dahin zu werten sein, dass die Wohnung im Klepperstall ihm nicht gefiel. Er schrieb am 8. Februar 1810 an den Mitbesitzer des Hauses auf der Mölkerbastei Nr. 8, Peter von Leber, folgende Zeilen: »Da mir der Herr Baron Pascolati (immer noch wußte er den richtigen Namen des Hausherrn nicht!) gesagt, daß ich die Wohnung in seinem Hause im 4. Stock, welche ich vor zwei Jahren bewohnt habe, wieder besitzen könne, so bitte ich Euer Hochwg. mich deswegen als Ihr Mits(verhältnis) zu betrachten ..., d. h. von künftigen Georgi an für jährlich 500 fl., die Zeit ist heute zu kurz, sonst würde ich auch das Drangeld gerne entrichtet haben, welches ich mir dieser Tage vorbehalte ...«

In dieser Wohnung besuchte Bettina von Brentano Beethoven. Sie schrieb darüber am 28. Mai 1810 an Goethe: »Es ist Beethoven, von dem ich Dir jetzt sprechen will … Er hat drei Wohnungen, in denen er abwechselnd sich versteckt, eine auf dem Lande, eine in der Stadt und eine dritte auf der Bastei; da fand ich ihn im dritten Stock …«

Bettina, die empfindsame 22jährige Frau, sah das, was anderen Besuchern wohl nur von fern auffiel: dass Beethovens Wohnung ausgesprochen ärmlich anmutete. Sie hat es nicht wörtlich ausgesprochen – doch geht dieser Eindruck aus ihren Äußerungen hervor: »… Seine Wohnung ist ganz merkwürdig: im ersten Zimmer zwei bis drei Flügel, alle ohne Beine auf der Erde liegend, Koffer, worin seine Sachen, ein Stuhl mit drei Beinen; im zweiten Zimmer sein Bett, welches winters wie sommers aus einem Strohsack und dünner Decke besteht, ein Waschbecken auf einem Tannentisch, die Nachtkleider liegen auf dem Boden …«

Vom Mai des Jahres 1810 ab wandte Beethoven sich wieder nach Baden. Ganz im Gegensatz zu früheren Jahren, als ihn das laute Treiben der sommerlichen Gesellschaft dort gestört hatte, und er ausrief: »Ich muß mich flüchten, um einsam sein zu können«, schien ihn die gesellige Betriebsamkeit dieses weitbekannten Kurbades jetzt geradezu anzuziehen. Er nahm wieder Wohnung im Johan-

Beethoven im Mannesalter. Kupferstich nach einer Zeichnung von Louis Letronné, dem Beethoven 1811 zwei Sitzungen zugestand.

nesbad, trank auch vom Brunnen. Da sich aber sein Befinden – er litt häufig unter rheumatischen Beschwerden – nicht nachhaltig besserte, beschloss Beethoven, dem Rat seiner Freunde zu folgen und den Sommer nach Teplitz und Franzensbad zu gehen.

DIE JAHRE 1811-12

Also reiste er im Sommer 1811 nach Teplitz, wo er dem Dichter Varnhagen van Ense und dessen Frau Rahel begegnete. Erst im Sommer 1812 fand das längst von beiden Seiten gewünschte Zusammentreffen Goethe-Beethoven in Teplitz statt. Der Geheimrat schrieb am 19. Juli 1812 die bemerkenswerte Charakterisierung Beethovens an seine Frau Christiane: »Zusammengefaßter, energischer, inniger habe ich noch keinen Künstler gesehen. Ich begreife recht gut, wie er gegen die Welt wunderlich stehen muß.«

DIE JAHRE 1812-13

Nach dieser Abwesenheit von Wien kehrte Beethoven um so lieber wieder in die Wahlheimat zurück. Doch bewahrheitete sich das Wiener Bonmot jener Zeit, dass der Meister mindestens alle sechs Monate das Quartier wechseln müsse und alle sechs Wochen die Dienstboten. Beethoven zog wieder einmal um. Dieses Mal blieb er allerdings in allernächster Nähe des Pasqualatischen Hauses: er mietete eine Wohnung im nahe gelegenen Anwesen, dem sogenannten »Bartenstein-Haus«, Mölkerbastei Nr. 94, wo er den Winter 1813/ 1814 und den darauf folgenden zubrachte.

Es scheint jedoch, als hätte Beethoven neben dieser Wohnung noch die andere im Pasqualatischen Haus beibehalten. Das geht aus den Berichten seiner Zeitgenossen Ignaz Moscheles und Anton Schindler hervor. Moscheles schreibt 1813: »... Als ich früh zu Beethoven kam, lag er noch im Bette; er war heute besonders lustig, sprang gleich heraus und stellte sich, so wie er war, ans Fenster, das auf die Schottenbastei ging ...« Sein Intimus Schindler erwähnt Ende März 1814 – als Beethoven weder das Quartier gewechselt hatte noch aufs Land gezogen war – dass er »klopfenden Herzens zu seinem ersten Besuch bei dem verehrten Meister die vier Treppen im Pasqualatischen Haus hinaufstieg und sogleich durch den schneidernden Bedienten zu dem am Schreibtisch sitzenden Meister geführt wurde«.

SOMMER 1813

Im Sommer 1813 konnte Beethoven sich endlich wieder an der Natur im Badener Land erfreuen. Sein Schüler und großmütiger Freund, Erzherzog Rudolf, hatte für ihn schon Quartier gemacht. So ließ Beethoven voller Dankbarkeit den hohen Gönner am 27. Mai 1813 wissen, dass er in Baden eingetroffen sei, »... wo es zwar

Baden bei Wien. Der Sauerhof in Baden zur Beethoven-Zeit, wo er nach der Überlieferung ebenfalls kurte.

noch sehr leer an Menschen ist. Aber desto voller angefüllter und in Überfluß und hinreißender Schönheit prangt die Natur.«

Die geräumige Sommerwohnung im Badner »Sauerhof«, dem Empirebau des Wiener Architekten Josef Kornhäusel, von einem Park umgeben am rechten Ufer der Schwechat liegend, besteht noch heute – sie entsprach anscheinend ganz den Wünschen des anspruchsvollen Mieters.

Ludwig van Beethoven
Willibrord Joseph Mähler
(1778–1860)

Da sich im Hause sowohl das Kurbad als auch die Gastwirtschaft befanden, bot diese Behausung ihm wirklich jede Bequemlichkeit.

Feste Stunden am Tag trieb er mit seinem hohen Schüler musiktheoretische Studien, während er sich die restliche Zeit mit seiner neuesten Komposition befasste: der heute vergessenen Symphonie »Wellingtons Sieg oder die Schlacht bei Vittoria«, Werk 91, die er im Auftrag des k. k. Hofmechanikers Mälzel schrieb – desselben, der später seine diversen Hörrohre konstruierte und durch die Erfindung des Metronoms bekannt wurde.

Beethovens Schüler Erzherzog Rudolph (1788–1831) Johann Baptist Lampi der Jüngere (1775–1837, Maler)

WINTER 1814-15

Während des Winters 1814/1815 finden wir Beethoven noch einmal im Bartenstein-Haus, Mölkerbastei Nr. 94. Leider machte er sich wieder unbeliebt: die Streitigkeiten mit den Bediensteten nahmen eher zu als ab. Seine Konfusion spielte ihm oft die bösesten Streiche.

Einmal hatte Beethovens Köchin Mariandel drei indianische Hühner gekauft, von welchen jeden Sonntag eines auf den Tisch kam. Am vierten Sonntag schaffte Beethoven allen Ernstes der Köchin an, nunmehr den dritten Indian zu braten. Und er war kaum davon zu überzeugen, dass alle längst verspeist waren. Kein Wunder also, wenn die Dienstboten störrisch wurden und Beethoven solche Episteln an seine Freundin Nanette Streicher richten musste wie diese: »Was die B(aberl) betrifft, so geht sie Montag in der Früh, zu Mittag kann also die andere oder Nachmittags gegen 2 oder 3 Uhr, wie Sie am besten glauben, einstehen … Übrigens habe ich guten Grund zu glauben, daß die N. oder die andere ihre Spionereyen in ihrem Haus fortsetzt.«

Abgesehen von kleinen Zwischenfällen verlief der Tag Beethovens planvoll und ruhig. Zu jeder Jahreszeit stand er mit Tagesanbruch auf, um sogleich an seinen Schreibtisch zu gehen. Zum Frühstück bereitete er sich selbst einen Kaffee in einer Glasmaschine. Für jede Tasse rechnete er genau sechzig Bohnen – er ließ sich auch in Anwesenheit von Gästen nicht abhalten, diese Menge abzuzählen. Dann arbeitete er etwa bis zwei oder drei Uhr weiter. Um diese Zeit musste das Mittagessen auf dem Tisch stehen. Es kam auch vor, dass die Unruhe ihn packte und er noch vor dem Essen auf ein bis zwei Stunden ins Freie eilte – im Winter über das Glacis, über den Wiener Linienwall, nach Hernals, Ottakring, vielleicht auch einmal bis nach Schönbrunn – im Sommer in die Natur, doch immer dabei in seine geistige Arbeit vertieft, meditierend oder komponierend. Diese geistige Anspannung verließ ihn in keiner Umgebung; ja, es schien, als mache sie ihn unempfindlich für Sonne und Hitze, Regen und Sturm.

In seiner Zerstreutheit, die doch nur daraus resultierte, dass er innerlich beschäftigt war und auf alles von außen Kommende nicht achtete, passierte es gelegentlich, dass er seinen Hut verlor, ihn irgendwo achtlos liegen ließ – unter einem Baum, an dem er gelagert, in einem Gasthaus oder wo immer – und dass er bei Unwetter triefend nass zu Hause anlangte.

Nanette Streicher.
Aquarell im Besitz der Familie Streicher.
Nanette, die Gattin des Wiener Klavierbauers Andreas Streicher, war die mütterliche Freundin und Stütze Beethovens, die ihm half, seine desolaten Haushalte zu führen.

Auch machte er sich nichts daraus, an heißen Tagen im Freien den Frack auszuziehen und über einen Stecken zu hängen, den er auf die Schulter schwang.

Nach dem Essen arbeitete Beethoven oder ging wieder aus. Seine Spaziergänge endeten meist zu späterer Stunde in einem der Bierhäuser, in denen man Beethoven kannte. Es waren dies das Gasthaus zum »Roten Hahn« und »Die goldene Birne«. Er betrat sie selten anders als durch den Hintereingang. Oft saß er auch in einem Caféhaus und las die Tageszeitungen, von denen er die »Augsburger Allgemeine« bevorzugte.

Die Winterabende verbrachte Beethoven gewöhnlich zu Hause; sie waren wieder seinen Werken gewidmet, wie auch der ernsten Lektüre. Gewöhnlich ging er gegen 22.00 Uhr schlafen; wenn jedoch größere Arbeiten ihn gefangen hielten, wie etwa die Missa solemnis oder Symphonien, so wurde es auch Mitternacht. Mit zunehmendem Alter mied Beethoven wegen der heftigen Augenschmerzen ängstlich jede Überanstrengung und schrieb nach Eintritt der Dunkelheit überhaupt keine Noten mehr.

Gern setzte er sich, wenn es zu dämmern begann, an den Flügel, um zu phantasieren. Er griff auch zur Geige, die immer bereit darauf lag. Vor Fremden spielte er jedoch nur ungern. Da er ihre unausgesprochenen Wünsche in dieser Hinsicht kannte, erlaubte er sich oft den Scherz, ein paar Akkorde im Stehen zu greifen und dann lachend vom Instrument fortzugehen. Einen Besucher, der ohne sein Wissen im Vorzimmer wartete, fuhr er einmal unwirsch an: »Ich wünsche nicht, daß mir irgendjemand zuhört.« Doch als er der Wirkung seiner Worte gewahr wurde, begrüßte er ihn um so freundlicher. Es tat ihm gleich wieder Leid.

Überhaupt lagen Misstrauen und größte Vertrauensseligkeit bei Beethoven dicht nebeneinander. Mit dem Komponisten Himmel aus Berlin, der ihm einst den Bären aufband, man habe dort eine »Laterne für Blinde« erfunden, wurde er nie mehr gut, als er merkte, dass dieser ihn gefoppt hatte. Im übrigen aber wusste Beethoven sehr wohl um seine Schwächen. Und was seine Reizbarkeit und das allzu explosive Naturell verschuldeten, das machte er vielfältig wieder gut.

Beispiele hierfür gibt es genug in seinem Leben. Wir brauchen uns nur die beiden Briefe zu vergegenwärtigen, die er im Jahre 1799 binnen zwei Tagen an den Komponisten Hummel richtete. Im ersten heißt es:

»Komme er nicht mehr zu mir! Er ist ein falscher Hund und falsche Hunde hole der Schinder!« Numero zwei lautet: »Herzens Nazerl! Du bist ein ehrlicher Kerl und hattest Recht, das sehe ich ein; komm also diesen Nachmittag zu mir, Du findest auch den Schuppanzigh, und wir beide wollen Dich rüffeln und schütteln, daß Du Deine Freude haben sollst. Dich küßt Dein Beethoven.«

Es war wohl so: Beethovens Leichtgläubigkeit kam aus seinem Wesen, sein Misstrauen aber aus der Erfahrung. Die beiden lagen oft im Widerstreit, doch am Ende siegten das Herz und die Unbestechlichkeit sich selbst gegenüber. Nicht umsonst schreibt ja Beethoven: »hattest Recht, das sehe ich ein.« Genau, wie er oft sagte – und es auch meinte: »Ich vergesse lieber, was ich mir selbst schulde, als was ich anderen schuldig bin.«

FRÜHLING 1815

Der Frühling 1815 sah Beethoven wieder draußen in Baden. Er kehrte erneut im Johannesbade ein. Wie in den anderen Jahren führten ihn seine Ausflüge in das liebliche Helenental, in dem noch heute jeder Weg und Steg an ihn erinnern. Seiner Freundin Therese von Malfatti schrieb er schwärmerisch: »... Wie froh bin ich, einmal in Gebüschen, Wäldern, unter Bäumen, Kräutern, Felsen wandeln zu können. Kein Mensch kann das Land so lieben wie ich. Geben doch Wälder, Bäume, Felsen den Widerhall, den der Mensch wünscht ...«

Dass Beethoven sich in diesem Jahr länger als sonst der Natur erfreuen konnte, verdankte er einer alten, guten Freundin, die inzwischen in Wien für ihn Quartier gemacht hatte, Frau Nanette Streicher, der Gattin des Musikers Andreas Streicher. Mit dem Ehepaar verband Beethoven seit 1812 eine herzliche Freundschaft. In ihrem Haus in der Wiener Ungargasse Nr. 46 ging er ein und aus, hier wurde musiziert, und viele Klavier- und Kammermusikwerke Beethovens gelangten im Musiksalon der Streichers – von einer Schar begabter Dilettanten gespielt – zur Aufführung.

WINTER 1815-16

Da Beethoven in das Bartenstein-Haus nicht zurückzukehren wünschte, hatte Nanette Streicher ihm im Gräflich Lambertischen Haus auf der Seilerstätte eine Wohnung gegen einen jährlichen Zins von 1100 fl. »aufgesprochen«. Zwar war das Haus selbst »elend«, wie der Zeitgenosse und Arzt, Dr. Karl von Bursy, nach einem Besuch vermerkte; doch die Wohnung selbst war freundlich, sah nach der grünen Bastei hinaus, die Beethoven so liebte, und war mit Hilfe von Frau Streicher ziemlich ordentlich und sauber hergerichtet.

Neben einem kleineren Vorzimmer, in das man vom Flur aus eintrat, befand sich das Schlafkabinett, auf dessen anderer Seite ein Musikzimmer. An Einrichtungs-

Die Weilburg bei Baden. Viele Stunden durchstreifte Beethoven die Landschaft um Baden und fand Frieden in der Natur.

gegenständen erwähnt Dr. Bursy nur einen Flügel und zwei Ölporträts – ein männliches und ein weibliches. Nach allem, was er vorher über die Konfusion im Beethovenschen Haushalt gehört hatte, schien es ihm bemerkenswert, dass er Noten nur wenige sah – einzig einige »Flick Notenpapiere« auf dem Schreibtisch.

Interessant mag in diesem Zusammenhang sein, dass dieses Anwesen aus zwei Häusern errichtet war und daher die Doppelnummer 1055/1056 führte. Bursy beklagte sich nämlich in seiner Aufzeichnung darüber, dass sowohl ein gewisser Riedl wie auch die Madame Streicher ihm die Wohnung falsch angegeben hätten – und zwar »Auf der Seilerstadt Nr. 1055«, und es wäre doch in der Tat Nr. 1056.

Den Winter 1815 auf 1816 verbrachte Beethoven hier. Es war die Zeit, in der seine Taubheit rapide voranschritt und er sich der von Mälzel konstruierten Hörrohre bediente. Die Zeit auch, in der er folgenden Eintrag in sein Tagebuch vornahm: »Alles, was Leben heißt, sey der Erhabenen geopfert und ein Heiligtum der Kunst, laß mich leben, sey es auch mit Hilfsmitteln, wenn sich nur finden.

Die Ohrenmaschinen womöglich zur Reife bringen, alsdann reisen – dieses bist Du Dir, den Menschen und ihm – dem Allmächtigen – schuldig, nur so kannst Du noch einmal alles entwickeln, was in dir verschlossen bleiben muß … und ein kleiner Hof … eine kleine Kapelle … von mir in ihr der Gesang geschrieben, angeführt, zur Ehre des Allmächtigen – des Ewigen, Unendlichen … So mögen die letzten Tage verfließen.«

Aus diesen Worten spricht mehr als bloß Ergebung in das Schicksal; sie kommen aus dem Wissen des Genius um das Große, Edle, das er den Menschen zu vermitteln hat. Es klingen aber auch schon Gedanken an, die sich mit dem einmaligen Werk »zur Ehre des Allmächtigen« befassen – mit der Missa solemnis, die Beethoven einige Jahre darauf geschaffen hat.

Die Trübsal seiner Gedanken rührte aber auch vom plötzlichen Tod seines Bruders Karl her, der im November starb und ihm – in banger Sorge um die Zukunft seiner Familie – durch seinen letzten Willen die Vormundschaft über seinen einzigen Sohn Karl übertrug. Beethoven nahm sie als heiliges Vermächtnis an. Er konnte nicht ahnen, welche Bürde ihm damit aufgeladen wurde. Aber selbst wenn er es gewusst hätte – sein

Entschluss hätte sich nicht geändert. Da ihm eigene Nachkommen versagt schienen, drängte es ihn, seine ganze Liebe, ja sein ganzes einsames Herz diesem angenommenen Sohn zu öffnen und hinzugeben.

FRÜHJAHR 1816

Mit der ihm eigenen Treue und Beharrlichkeit erreichte Beethoven nach langem, zermürbenden Prozess, dass er den Neffen aus dem für die Erziehung eines Kindes wenig geeigneten Einfluss der als leichtfertig bekannten Mutter lösen konnte. Schon im Februar 1816 brachte er ihn in eines der besten Wiener Institute, zu Kajetan Giannatasio del Rio. Er führte lange Gespräche mit diesem und richtete alles gewissenhaft ein. Erst als der liebevolle Oheim die Gewissheit haben durfte, dass der Knabe gut aufgehoben war, dachte er daran, sich ein Sommerquartier zu suchen. Er fand es wieder in Baden – im Gräflich Ossolinskyschen Hause des Badischen Vorortes Weikersdorf – dem jetzigen Schloss Braiten, Braitnerstraße Nr. 26.

*Karl van Beethoven (1806–1856)
Die Streitigkeiten vor Gericht wegen der Vormundschaft verdüsterten Beethovens Tage und ließen seine Schaffenskraft zeitweise erlahmen.*

Sobald Beethoven ein wenig eingerichtet war, lud er den Kajetan, dessen beide Töchter Fanny und Nanni und seinen Neffen ein. Die fünf Menschen verlebten frohe Tage miteinander, und Beethoven quartierte sogar alle zur Nacht bei sich ein, was ihm sicher einiges Kopfzerbrechen verursacht hat.

Allerdings wurden die Gäste unfreiwillige Zeugen eines Auftrittes zwischen dem Gastgeber und seinem Diener. Fanny Giannatasio berichtet darüber: »Des Morgens brachte uns ein sehr prosaischer Lärm aus unserer poetischen Stimmung! Beethoven erschien auch bald mit zerkratztem Gesicht und klagte uns, dass er mit seinem Bedienten, welcher am Austreten war, einen Auftritt gehabt habe. ›Sehen Sie‹, sagte er, ›so hat er mich zugerichtet.‹ Er beklagte sich, dass diese Menschen, obwohl sie wüssten, dass er nicht höre, dennoch nichts täten, um sich verständlicher zu machen. Der Vorfall war folgender gewesen: dem Diener war auf Beethovens Vorwürfe wegen eines Versäumnisses eine ungebührliche Antwort entschlüpft. Beethoven hatte ihm dafür eine Maulschelle gegeben, der Diener sich dann zur Wehr gesetzt, worauf Beethoven unsanft an die Wand geschleudert worden war. Einige Nägelspuren in des Meisters Gesicht bewiesen, dass seine ungewöhnliche Kraft ihn nicht vor den Griffen des Untergebenen zu schützen vermochte …«

WINTER 1816-17

Mit Einbruch der kühlen Jahreszeit übersiedelte Beethoven in ein Logis im Gasthaus »Römischer Adler« auf der Wiener Freiung – heute 1. Bezirk, Renngasse 1.

Hier empfing er manchen Besuch, so auch den englischen Komponisten Cipriani Potter, mit dem ihn bis Frühjahr 1818 eine lose Freundschaft verband. Es war die Zeit, in der Beethoven die große Sonate in B-Dur op. 106 schrieb. Und er äußerte zu Potter auf einem Spaziergang: »Früher wußte ich nicht zu komponieren. Jetzt, denke ich, weiß ich es. Jetzt schreibe ich etwas Besseres.«

FRÜHJAHR 1817

Im Frühjahr nahm Beethoven gleich drei Wohnungen: eine in Mödling, eine in Heiligenstadt und eine in Wien; letztere auf der Landstraße Nr. 268, im 2. Stock. Er wählte diese Stadtwohnung im Hinblick auf das Institut des Kajetan Giannatasio auf dem Landstraßer Glacis Nr. 426. Er wollte seinem Neffen so nahe wie möglich sein.

Die Heiligenstädter Wohnung besteht heute unverändert. Es ist das Haus am stillen Pfarrplatz Nr. 2; daneben liegt das alte Kirchlein, in dem ein Heiligengrab gezeigt wird. Geschmückt ist das Eckhaus mit dem Standbild des heiligen Florian. Heute befindet sich im Hof des Hauses eine Heurigen-Wirtschaft. So mischen sich Gegenwart und Vergangenheit eng miteinander, und der frohgelaunte Verehrer des Heurigen wird sich erinnern, dass auch der berühmte Bewohner von einst den edlen Tropfen und die Geselligkeit nicht verschmähte.

Beethovenhaus in Nußdorf. Felix Riedel gem.
Im Frühjahr 1817 zog Beethoven in das einst stille Haus am Heiligenstädter Pfarrplatz. Heute ist darin der Heurige Mayer ein Anziehungspunkt geworden.

Doch Beethoven hielt es nur bis Ende Juni in Heiligenstadt. Er veranstaltete wieder einmal einen Umzug – wenn auch nur ein paar Straßen weiter. Er siedelte nach Nußdorf über, das sich heute von Heiligenstadt räumlich nicht mehr scheidet. Beide Orte gehen inzwischen ineinander über.

Es war das schöne, herrschaftliche Haus in der Nußdorfer Kahlenbergerstraße Nr. 26, das Beethoven zum Aufenthalt erwählte.

Die Gassenfront des schlösschenartigen Baues ist reich verziert. Über einige Stufen tritt man in das Haus ein. Zu Beethovens damaliger Wohnung musste man den viereckigen Innenhof überqueren und eine gewundene Treppe heraufgehen. Die Zimmer im ersten Stock lagen zum Garten hinaus. Es besteht heute alles unverändert.

Beim Heurigen in Nußdorf wie einst

Von hier aus wanderten viele Briefe an die »barmherzige Samariterin«, Frau Nanette Streicher, die in diesen Jahren Beethovens Halt in häuslichen Dingen war. Sie kümmerte sich aufopfernd um seine Wirtschaft, um Kleidung, Wäsche, Küche und Dienstboten. In einem der Briefe heißt es in komischer Verzweiflung: »Verzeihung! Es

In diesem Haus in Heiligenstadt, Am Pfarrplatz Nr 2. mit dem Standbild des Heiligen Florian fühlte Beethoven sich wohl.

fehlt Schere, Messer usw. Ich glaube, daß die Lumpen zu schlecht, und besser sei, eine Leinwand zu kaufen. Die Halstücher brauchen eine Flickung. Darüber mündlich wie auch mündlich eben um Nachsicht wieder ...« Auch der nächste ist ratlos: »... Ihr Schuster ... möchte mir eine gute Stiefelwichs schicken, die nicht anschmutzt, denn mein ›fidelis‹ (Diener) hat mich mit einer solchen angeschmiert ... Wenn Sie mir wollen gütigst nur 25. fl. auf ein paar Tage schicken, das wäre recht schön, ich habe gestern die Schlüssel vergessen zu meinem Kasten, da ich wieder Geld umsetzen wollte. – Wegen dem Wildbret samt Haushälterin wünsche ich was Erkleckliches zu lesen. – Dero sich gut aufführende Tochter sei uns gegrüßt. Tantus quantus lumpus L. v. Beethoven.«

HERBST 1817

Schon mit Ablauf des August zog Beethoven wieder in seine Stadtwohnung zurück. Er wollte sich doch mehr um Karl kümmern, den er sehr viel im Institut besuchte. Zu seiner Freude hatte Beethoven entdeckt, dass der Neffe musikalisch war. So spielte er denn mit dem Gedanken, ihn eines Tages ganz zu sich zu nehmen und ihm eine gründliche musikalische Ausbildung angedeihen zu lassen. Dieser Gedanke faszinierte den wohlmeinenden Oheim. Seine ganze Haushaltung wollte er darauf abstellen, dass er hinfort jemanden an seinem Tisch hätte. Frau Nanette musste wieder helfen. Mehr denn je bemühte er sich um das Alltägliche. Und so lesen wir denn mit Rührung in einem Brief aus dieser Zeit: »Die Nanni hat außer ihren 12 kr. Brotgeld auch eine Semmel morgens, ist das mit der Küchenmagd auch der Fall? Eine Semmel macht für ein Jahr 18 fl. –« Ja, Beethoven musste rechnen, wenn er selbst von seinen Einkünften leben wollte. Nun aber sollte das Geld für zwei reichen. Das verursachte neue Sorgen und Nöte.

FRÜHJAHR 1818

Mit Ablauf des Winters war wieder ein Umzug fällig. Anfang März des Jahres 1818 siedelte Beethoven mit Sack und Pack in die Gärtnergasse Nr. 26, wo er jedoch nur einen Monat blieb, obwohl er die Miete für ein halbes Jahr entrichtet hatte. Er wandte sich von dort in die Wiener Landstraße Nr. 244, in das sogenannte »Große Haus der Augustiner«.

Es war die Zeit, von der Schindler schreibt: »Beethoven forderte mich auf, mich öfters an demselben Orte und zur selben Stunde, 4 Uhr nachmittags einfinden zu wollen, wo er fast täglich zu treffen sey – um Zeitungen zu lesen... Dieser Ort war ein abgelegenes Zimmer in der Bierwirtschaft zum Blumenstock im Ballgäßchen. Ich fand mich recht oft ein, und es dauerte nicht lange, so lernte ich dieses Local gut kennen ...«

Der Meister war nun völlig taub geworden. Wenn er bisher immer noch vermittels einer auf dem Flügel angebrachten Maschinerie sein Spiel gehört hatte, so war es jetzt auch damit vorbei. Ins Tagebuch schrieb er die Worte: »... Ertragung – Ergebung – Ergebung, so ge-

Beethoven-Haus in der Kahlenbergerstraße Nr. 26 in Nußdorf

winnen wir noch beim höchsten Elend und machen uns würdig, dass Gott unsere Fehler …« – das Schlusswort blieb in seinem Herzen zurück. Er hat es wohl unter Seufzen für sich ausgesprochen.

Aus der Wohngemeinschaft von Onkel und Neffe wurde nichts. Vielmehr zog ein Institutswechsel Karls den Wohnort des Onkels nach sich: Beethoven übersiedelte auf das Josefstädter Glacis, in dessen Nähe das »Böchlingersche Institut« lag, das Karl nun aufnahm. Hier sollte der Neffe die Jahre 1818 bis 1822 verbringen.

Mit dem Institutslehrer, Josef Blöchlinger von Bannholz, und seiner Gattin verband Beethoven bald eine herzliche Freundschaft. Beethoven verkehrte viel im Hause auf dem Josefstädter Glacis, spielte Schach mit Blöchlinger, musizierte mit dessen Familie und tauschte sich über die Fortschritte des Neffen mit dem erfahrenen Pädagogen aus.

Im Frühjahr anno 1818 begab sich Beethoven nach Mödling. Dieser Umzug wurde – da ganz »beethovensch« – denkwürdig! Ignaz Ritter von Seyfried, der Freund und Zeitgenosse Beethovens, hat ihn mit dem nötigen Humor aufgezeichnet:

»Einmal miethete Beethoven sich in die österreichische Schweiz, um den pittoresken Briel recht nach Herzenslust zu genießen. Es wurde also ein vierspänniger Lastwagen mit wenig Mobilien zwar, dagegen aber mit einer ungeheuren Wucht von Musikalien befrachtet; die thurmhohe Maschine setzte sich langsam in Bewegung, und der Besitzer dieser Schätze spazierte seelenvergnügt, per pedes apostolorum voraus. Kaum außerhalb der Linien, zwischen blühenden, vom sanften Zephyr wellenförmig bewegt sich schaukelnden Kornfeldern, unter dem Jubelsang schwirrender Lerche, die trillernd mit Wonnegenuß des lieblichen Lenzes ersehnte Ankunft feyerten, erwachte schon der Geist; Ideen durchkreuzten sich, wurden ausgesponnen, geordnet, mit der Bleyfeder notiert – und rein vergessen war nunmehr auch der Wanderung Zweck und Ziel. Die Götter wissen, wo sich unser Meister in der ganzen, langen Zwischenzeit herumgetrieben haben mag; genug, er langte erst mit einbrechender Dämmerung schweißtriefend, staubbedeckt, hungrig, durstig, todmüde in seinem erwählten Domizil an. Aber hilf Himmel! Welch' gräßliches Spektakel wartete dort seiner. Der Fuhrmann hatte eine Schneckenfahrt vollendet, den Patron aber, dem er sich verdungen und welcher ihn auch bereits bezahlt, zwei Stunden vergebens erwartet. Unbekannt mit dessen Nahmen konnte auch keine Nachfrage stattfinden. Der Rossebändiger wollte wenigstens zu Hause schlafen – er machte aber kurzen Prozeß, lud den gesamten Transport frey auf dem Marktplatze ab und retournierte ungesäumt. Beethoven ärgerte sich vorerst tüchtig, dann brach er in schallendes Gelächter aus, dingte nach kurzer Überlegung ein halbes Dutzend gaffender Straßenjungen und hatte vollauf zu tun, um bis zum die Mitternachtsstunde verkündenden

Im Gasthaus »Zum Blumenstock« in der Ballgasse, 1. Bezirk , traf Beethoven sich gern mit Freunden, wie seinem Adlatus, dem Studenten Anton Schindler.

Für das muntere Landvölkchen rund um Mödling komponierte er die »Mödlinger Tänze«, die im Gasthof »Zu den 3 Raben« aufgeführt wurden.

Nachtwächterrufe glücklicherweise bey Lunas Silberschein die Kinder seiner Phantasie noch unter Dach und Fach zu bringen ...«

SOMMER 1818

Beethoven zog also in das sogenannte »Hafner-Haus«, Mödlinger Hauptstraße Nr. 79, das er durch zwei Sommer bewohnen sollte. Die Sommer 1818 und 1819 verbrachte er in diesem hübschen, einstöckigen Haus, dessen Hausherr der Hafnermeister Jakob Duschek war.

Über eine Treppe gelangte man zu Beethovens Wohnung, die sich nach dem Hofe zu, rechts im ersten Stock befand. Sie bestand aus einem großen Wohnzimmer, zwei kleineren Kabinetten und der kleinen Küche. Die Wohnung wird als recht einfach geschildert. Doch die nach Süden gelegene Aussicht und der schöne Blick in den Garten entschädigten für alles.

Gern saß Beethoven draußen in dem sich weit erstreckenden Garten und genoss die Stille der Natur. Am liebsten hätte er sich von allen Menschen abgeschieden, denn die Gedanken an die Missa solemnis hielten ihn gefangen. Dennoch ließ sich nicht jeder Besuch abweisen. Beethoven zeigte sich aber vorsorglich sehr grob und unwirsch, nur um Verehrer und Eindringlinge so viel wie möglich abzuschrecken. Ludwig Cramolini, der spätere Tenor, schildert uns in seinen Erinnerungen eine Szene, die sich damals ereignete und ganz zum Bilde Beethovens passt. Cramolini wohnte als 15jähriger Jüngling mit seiner Mutter im gleichen Hause wie Beethoven.

»… Eines Tages bekam Beethoven Besuch von einem Grafen Montecuccoli, der sehr musikalisch war und Hoboe mit Virtuosität gespielt haben soll. Beethoven war sehr mürrisch und wollte Montecuccoli nicht empfangen. Dieser ließ sich aber nicht abweisen und ging in das Gärtchen, wo Beethoven saß und zur Magd sehr laut sprach. Montecuccoli redete lange über ein Musikstück Beethovens und sagte, so könne die betreffende Stelle kein Hoboist spielen. Beethoven müsse das ändern. Da erwiderte Beethoven barsch: ›Sie, Herr Graf, werden es nicht spielen können, aber ein tüchtiger Hoboist sicher, drum rate ich Ihnen, Unterricht zu nehmen, ich habe keine Zeit, Sie länger anzuhören.‹ Mon-

In Mödling, Hauptstraße Nr. 79, verbrachte Beethoven die Sommer der Jahre 1818, 1819 und 1820.

tecuccoli nannte Beethoven einen Flegel, aber so, daß er es nicht hören konnte, und entfernte sich. Da trat meine Mutter, die in der naheliegenden Laube die ganze Unterhaltung mit angehört hatte, zu Beethoven und

Diese Mödlinger Wohnung ist heute ein Museum.

sagte: ›Sie sollten sich schämen, Herr van Beethoven, so vornehmen Besuch anzunehmen und zerrissene Hemdkragen und Manschetten sehen zu lassen, und mit den Leuten so grob zu sein.‹ Beethoven fragte: ›War ich wirklich mit dem lästigen Schafskopf grob? Das freut mich! Dann wird er mich künftig in Ruhe lassen! Was aber die defekte Wäsche anbelangt, so bitte ich, tun Sie mir den Gefallen und lassen mir ein halbes Dutzend Hemden machen. Ich vergesse immer darauf und meine Schwägerin auch.‹ Meine Mutter erfüllte seinen Wunsch, und Beethoven sagte, so oft er später eines von den neuen Hemden trug: ›Nun, Frau von Cramolini, jetzt werden Sie doch mit meiner Toilette zufrieden sein?‹«

WINTER 1818-19

Während er den Winter über wieder in der Stadtwohnung »... dem Auerspergischen Palais gegenüber demselben Hause, wo das Caféhaus ist am Josefstädter Glacis« hauste, zog er mit Anbruch des Frühlings erneut nach Mödling in das Hafnerhaus.

FRÜHLING 1819

Es war die Zeit, in der die Missa solemnis immer mehr Gestalt annahm. In den Räumen, die wie mittelalterliche Gewölbe einer Kapelle anmuteten, war Beethoven dem lauten Leben entrückt. Schindler, der getreue Freund, berichtet darüber: »Gedenke ich der Erlebnisse aus dem Jahre 1819, vornehmlich der Zeit, als der Tondichter im Hafnerhause zu Mödling mit Ausarbeitung des Credo beschäftigt gewesen, vergegenwärtige ich mir seine geistige Aufgeregtheit, so muß ich gestehen, daß ich niemals vor und niemals nach diesem Zeitpunkte völliger Erden-Entrücktheit wieder Aehnliches an ihm wahrgenommen habe. Es sey gestattet nur eines anzuführen. Gegen Ende August kam ich in Begleitung des Musikers Johann Horzalka in des Meisters Wohnhause zu Mödling an. Es war 4 Uhr Nachmittags. Gleich beim Eintritte vernahmen wir, daß am selben Morgen Beethovens beide Dienerinnen davongegangen seyen und daß es nach Mitternacht einen alle Hausbewohner störenden Auftritt gegeben, weil in Folge langen Wartens beide eingeschlafen und die zubereiteten Gerichte ungenießbar geworden. In einem der Wohnzimmer bei verschlossener Thüre hörten wir den Meister über der Fuge zum Credo singen, heulen, stampfen. Nachdem wir dieser nahezu schauerlichen Szene lange schon zugehorcht und uns eben entfernen wollten, öffnete sich die Thür und Beethoven stand vor uns mit verstörten Gesichtszügen, die Beängstigung einflößen konnten... Seine ersten Aeußerungen waren confuse, als fühle er sich von unserem Behorchen unangenehm überrascht. Alsbald kam er aber auf das Tagesereigniß zu sprechen und äußerte mit merkbarer Fassung: ›Saubere Wirtschaft, alles ist davon gelaufen und ich habe seit gestern Mittag nichts gegessen.‹ Ich suchte ihn zu besänftigen und half bei der Toilette. Mein Begleiter aber eilte voraus in die Restauration des Badehauses, um einiges für den ausgehungerten Meister zubereiten zu lassen.«

In solcher Gemütsverfassung lief Beethoven stundenlang durch »die göttliche Briehl«. Und wenn er auch in sein Tagebuch in den ersten Mödlinger Tagen geschrieben hatte »Miser et pauper sum«, so lichtete sich doch allmählich sein Gemüt. Die Sorgen wichen zurück, und er gewann neue Schöpferkraft. Seine Innigkeit, seine Gottes- und Menschenliebe kehrten in das bedrängte Herz zurück. Und es geschah aus voller Seele, wenn er über das Kyrie der großen Messe schrieb: »Von Herzen kam 's, zum Herzen soll es dringen.«

Auerspergstraße 3. Beethovens Stadtwohnung in den Jahren 1818 bis 1819 durch den Winter, bevor es ihn wieder nach Mödling zog.

Wieviel diesseitige Lebensfreude Beethoven in sich trug, beweist auch die Begebenheit mit den »Mödlinger Tänzen«.

Mitten in der Arbeit an der erhabenen Messe hatte er plötzlich Eingebungen für heitere Melodien. Es entstanden die »Mödlinger Tänze«, die wie ein lebensfroher Dank für alle Schönheit dieser Landschaft anmuten. Sie waren aber gedacht für eine Handvoll Musikanten – lauter muntere rheinische Gesellen –, die in der Mödlinger Wirtschaft »Zu den drei Raben« in der Vorderbrühl zum Tanz aufspielten. Beethoven kehrte oft nach seinen Wanderungen hier ein und nahm eine Erfrischung. Man lernte sich gegenseitig kennen und fand Gefallen aneinander. Und da die Musikanten den Meister immer wieder mit der Bitte um Ländler und andere Tänze bestürmten, ließ er sich endlich erweichen. Beethoven hat – wie er sagte – die Stücke so eingerichtet, dass immer einer der Musiker zur Zeit das Instrument ablegen, ausruhen oder gar schlafen könne. Er kannte die Kümmernisse der Musiker, und die Mödlinger Tänze sind dafür ein Zeugnis.

In Mödling empfing Beethoven auch den Besuch Karl Friedrich Zelters, des Vertrauten von Goethe, der darüber an den Geheimrat schrieb: »Vorgestern habe ich Beethoven in Mödling besuchen wollen. Er wollte nach Wien, und so begegneten wir uns auf der Landstraße, stiegen aus, umarmten uns aufs herzlichste. Der Unglückliche ist so gut als taub, und ich habe kaum die Tränen verhalten können ...«

Neben den Sorgen um seinen Neffen, dessen Mutter ihm immer wieder die Vormundschaft streitig machte, rangierte die um sein Hauswesen an erster Stelle. Wir kennen die Begebenheit mit dem Kyrie-Manuskript, das zu Beethovens Bestürzung einige Zeit spurlos verschwunden war und sich nach langem, verzweifeltem Suchen als Einwickelpapier in der Küche fand! Die Köchin hatte Butter und Käse darin eingeschlagen, in der Meinung, es werde nicht mehr benötigt. Beethovens ganzer Zorn traf sie. Er kündigte ihr sofort auf. So hatte denn die Liste über den Personalstand vom April bis Dezember des Jahres 1820 ein jämmerliches Aussehen:

Am 17. April die Küchenmagd eingetreten
Am 16. Mai dem Küchenmädchen aufgesagt
Am 19. Mai die Küchenmagd ausgetreten
Am 30. Mai die Frau eingetreten
Am 1. Juli die Küchenmagd eingetreten
Am 28. Juli abends ist die Küchenmagd entflohen
Am 30. Juli ist die Frau von Unter-Döbling eingetreten
Die 4 bösen Tage, 10., 11., 12., 13. August in Lerchenfeld gegessen
Am 28. der Monat von der Frau aus
Am 6. September ist das Mädchen eingetreten
Am 22. October das Mädchen ausgetreten
Am 12. December das Küchenmädchen eingetreten.

Hierher gehört auch die Schilderung Grillparzers, der mit Schindler zusammen einen Besuch bei Beethoven

Johann van Beethoven (1776–1848) und Anton Schindler (1795–1864). Zwei Vertraute des Meisters, sein Bruder und sein Betreuer

machte und ihn »... in schmutzigen Nachtkleidern auf einem zerstörten Bette liegend fand, ein Buch in der Hand. Zu Häupten des Bettes befand sich eine kleine Türe, die, wie ich später sah, zur Speisekammer führte und die Beethoven gewissermaßen bewachte. Denn als in der Folge eine Magd mit Butter und Eiern heraustrat, konnte er sich, mitten im eifrigen Gespräche, doch nicht enthalten, einen prüfenden Blick auf die herausgetragenen Quantitäten zu werfen, was ein trauriges Bild von den Störungen seines häuslichen Lebens gab ...«

Und Schindler drückte das Elend mit den Worten aus: »Niemals wohl dürfte ein so großes Kunstwerk unter widerwärtigeren Lebensverhältnissen entstanden sein als diese Missa solemnis!«

FRÜHLING 1820

Da Beethoven noch im Herbst des Jahres 1819 »wegen übermäßigen Lärmens« vom Besitzer des Hafner-Hauses gekündigt worden war, musste er zum Frühling wohl oder übel erneut auf Wohnungssuche gehen. Er entschied sich wieder für Mödling und dort für das Haus Babenbergerstraße Nr. 38. Da er auf kurze Zeit noch nach Wien zurückkehren musste, schrieb er von dort vor seiner Abreise vorsorglich an den neuen Hauswirt, Johann Speer, seine Wünsche auf: »Mein Herr! Ich melde Ihnen, daß ich Ende dieses Monaths oder spätestens ersten Maj in Mödling eintreffen werde, und ersuche, daß Sie gefälligst die Wohnung gänzlich ausputzen und ausreiben zu lassen, damit alles reinlich sey, und auch schon trocken; ich bitte Sie, nicht zu vergessen, den Balcon in guten Stand zu setzen, wofür ich Ihnen die extra versprochenen 12 fl. W. W. nebst dem ausgemachten Hauszins bei meiner Ankunft sogleich einhändigen werde.«

Um diese Zeit trug Beethoven sich mit dem Gedanken, ein kleines Haus für sich und den Neffen zu erwerben, in dem er ganz seinem Schaffen und der Aufgabe als Vormund leben könne – losgelöst von einer störenden Umwelt. Da er zu dieser Zeit das Sümmchen von 4000 Silbergulden erspart hatte, wäre ein solcher Kauf wohl möglich gewesen. In Beethovens Skizzenbuch aus dem Jahr 1820 findet sich die Eintragung:

Hof des Beethovenhauses in Mödling, Babenbergerstraße.

»Nur einige Tage in dieser göttlichen Briehl – Sehnsucht oder Verlangen – Befreiung oder Erfüllung.« Als dann gar eine Anzeige in der Wiener Zeitung erschien: »Mödling, Haus zu verkaufen, Äußere Kapuzinerplage Nr. 58«, schrieb der Meister eilends an seinen Verleger Steiner, der ihm in kommerziellen Dingen zur Seite stand. Doch dieser war nicht für einen Hauskauf. »Ich bin für keinen Kauf«, antwortete er, »weil zu viel Lasten.« Und dabei sollte es bleiben.

Wegen »übermäßigen Lärmens« wurde Beethoven im Mödlinger »Hafner-Haus« gekündigt, im Herbst 1819.

SOMMER 1820

Beethovens Mödlinger Behausung vom Sommer – der sogenannte »Christhof« – hatte eine alte Geschichte. Im 16. Jahrhundert war der Grund Eigentum der Augustiner-Mönche gewesen, die hier Weinbau betrieben. Das Haus selbst war einstöckig, der Balkon an der Ostseite angebracht, von außen durch eine Holzstiege längs der Hauswand zu erreichen. Beethoven bewohnte hier ein großes zweifenstriges Kabinett, dazu hatte er für seine Haushälterin im Parterre einen Raum gemietet. Weiter gehörten noch ein geräumiges Zimmer sowie Vorraum und Küche zu dieser Wohnung.

HERBST 1820

Schon früh im Herbst musste Beethoven in die Stadt zurück, weil Karl erkrankt war. Er bezog überstürzt eine Wohnung in Alt-Lerchenfeld Nr. 8, ganz in der Nähe des Institutes Blöchlinger. Die Sorgen um das Ergehen des Neffen sind in den Konversationsheften dieses Jahres aufgezeichnet. Auf die Frage des besorgten Onkels schrieb Blöchlinger: »... Im Vergleich mit heute früh ist der Puls bedeutend schneller, welches aber auch zum Teil von der zu sich genommenen Nahrung herrühren mag. Wenn er bis Dienstag nicht zur Prüfung gehen kann, so werde ich schon dafür sorgen, daß er sie nachtragen kann ... Wir wollen indessen hören, was der Doktor heute dazu sagen wird ...«

Kaum war Beethoven der Genesung Karls sicher, trieb es ihn erneut, das Domizil zu wechseln. Allzu hastig zog er in die Wiener Landstraße, Ungargasse Nr. 391, um binnen kurzem feststellen zu müssen, dass die Wohnung seinen Ansprüchen keineswegs genügen könne. Sie war kalt und dunkel, lag auch zum Teil nach Norden. Den unzufriedenen Mieter hielt es gerade eben bis zum April des folgenden Jahres.

FRÜHLING 1821

Dann ging es wieder hinaus – nach Unter-Döbling Nr. 11, und von dort in aller Hast nach Baden; zuerst in die Antonsgasse Nr. 4, wo die Ouvertüre »Weihe des Hauses« entstand, und sodann in die Rathausgasse Nr. 10. Beethoven war unruhiger denn je.

Dieses Haus gefiel ihm gut. Es war ein schlichtes Biedermeier-Häuschen, in dem der Meister die Sommermonate der Jahre 1821, 1822, 1823 verbringen sollte. Die Rathausgasse Nr. 10 ist denkwürdig geworden, weil der Meister dort den größten Teil seiner Neunten Symphonie entwarf und die Missa solemnis vollendete.

Die Wohnung lag zur Hofseite und befand sich im ersten Stock des Hauses. Da er zuvor wegen seiner rheumatischen Beschwerden eine Kur im Johannesbad

Anno 1820 im Herbst zog Beethoven überstürzt in eine Wohnung im 3. Bezirk, Ungargasse 391, heute Nr. 5. Dort war es kalt und dunkel, weshalb er im nächsten Frühjahr wieder auszog.

gemacht hatte, blieb ihm nur kurze Zeit für seine Sommerfrische übrig. Wie lieb ihm aber dieser Ort geworden war, das ergibt sich aus der Tatsache, dass er auch im folgenden Jahr – nach einem kurzen Kuraufenthalt in Döbling – am 7. September noch nach Baden kam. Am 27. September 1821 schrieb er: »Seit dem 7. September bin ich hier, wo ich bis Ende Oktober bleiben muß.« Auch 1822 nahm der von mancherlei Beschwerden Geplagte Bäder in Döbling, ehe es nach Baden ging.

Allerdings war in diesem Jahr die Wohnung in der Rathausgasse Nr. 10 noch nicht frei; so zog er für eine Woche in den Gasthof »Zum Schwan« in der Wiener Gasse und erst von dort aus in die Rathausgasse.

Beethovens Bruder Johann in Gneixendorf erfuhr in diesen Tagen: »... Über meinen Gesundheitszustand läßt sich nicht mit Gewißheit von einer wirklichen Besserung sprechen, ich glaube aber doch, daß durch die Kraft der Bäder das Übel, wenn nicht gehoben, doch unterdrückt werden wird ...«

Der Magdalenenhof in Baden, den Beethoven mehrfach zum Aufenthalt nahm.

In einem anderen Brief – an seinen Verleger Peters in

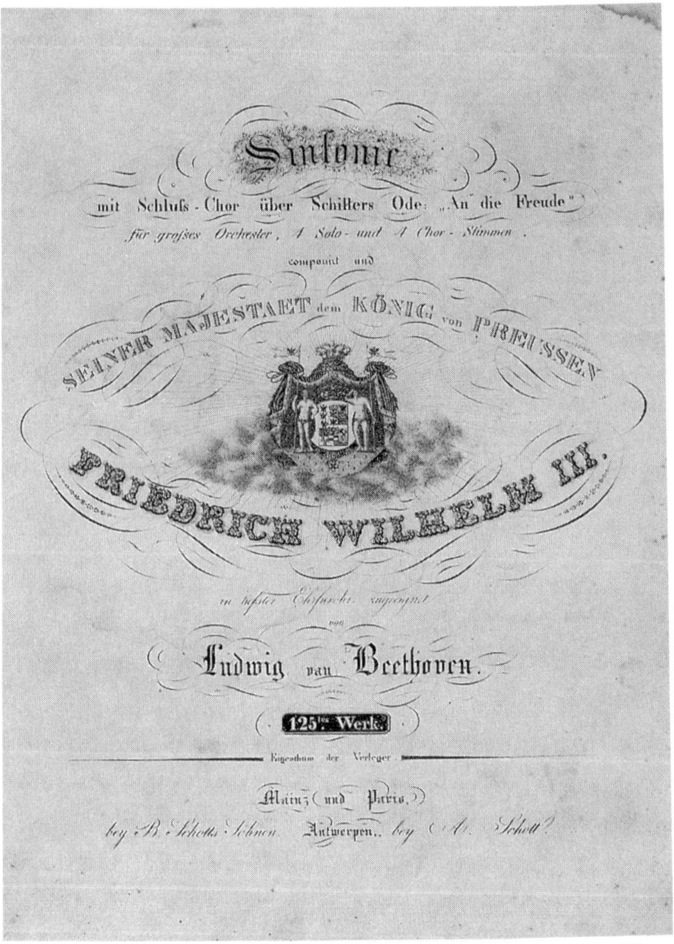

Partitur-Titelblatt der IX. Symphonie. Erstdruck. Katalog Nr. 249. Im Haus Rathausgasse Nr. 10 schuf Beethoven große Teile dieser Symphonie.

Leipzig – beklagt Beethoven sich darüber, dass er durch die Anwesenheit des Erzherzogs Rudolf während des August in Wien sehr in Anspruch genommen war und mehrere Male wöchentlich – da er doch in Döbling wohnte – hätte mit der Post in die Stadt fahren müssen.

Dadurch sei er erst mit dem 7. September nach hier gekommen. »Kaum bin ich hier«, so schreibt er weiter, »so befindet sich ein Theaterdirektor, der ein Theater in Wien erbaut und es mit einem Werke von mir eröffnet, hier, dem zu Gefallen ich einige neue Werke hinzuschreiben mußte ...«

Es handelte sich um den Wiener Theaterdirektor Karl Friedrich Hänsler und dessen neugestaltetes Theater in der Josefstadt. Das Werk »Die Ruinen von Athen« nach der umgearbeiteten Kotzebueschen Dichtung wurde hierfür ausersehen. Beethoven komponierte zu der Ouvertüre »Die Weihe des Hauses« einen Chor neu hinzu.

Eine dritte Badner Wohnung dieses Jahres ist nicht zuverlässig erwiesen. In einem Zinsaufschreibebuch des »Magdalenerhofes« Frauengasse Nr. 10, der einer Familie Grundgeyer gehörte, findet sich die Einzeichnung: »Beethoven, 1822, vom 11. Oct. an à Tag 2 fl. 45 kr. W. W. (2 Zimmer und Küche) 27 fl.«

Es könnte jedoch sein, dass es sich hier um Beethovens Bruder oder den Neffen Karl gehandelt hat.

DAS JAHR 1822

Nach Wien zurückgekehrt, wohnte Beethoven im Winter 1821/1822 erneut auf der Hauptstraße Nr. 60. Und nach dem in der Badener Sommerfrische verbrachten Juli und August ließ Beethoven sich von seinem Bruder überreden, ein neues Quartier zu nehmen. Er gab die Wohnung auf der Hauptstraße auf und zog

Im dortigen Haus befindet sich eine Gaststätte »Zum Beethoven«.

Beethovens Wohnung, Wien VI., Laimgrube-Kothgasse Nr. 61. Das Haus ist heute noch existent.

in die sogenannte »Laimgrube«, Kothgasse Nr. 61. Hier hauste er mit seinem getreuen Freund Schindler zusammen, einen ganzen Winter hindurch, obgleich die Wohnung kalt und düster war, das Haus unansehnlich und obwohl der Hausherr – »von gemeiner Gesinnung« – Beethoven viel zu schaffen machte.

Porträt des etwa Mitfünfzigers von L. Létronne

Doch die Arbeit an der Neunten half ihm über alle Kümmernisse schließlich hinweg.

Dienstbotenzeugnis:

Ich bescheinige laut meiner Unterschrift, daß Therese Kaufmann einen ganzen Monath bey mir in Diensten als Stubenmädchen gewesen, und sich fleißig und ehrlich während dieser Zeit betragen habe.

Ludwig van Beethoven

Wien
den 17ten März
1823

FRÜHLING 1823

Mit doppelter Sehnsucht sah Beethoven nach diesem Winter den ersten warmen Tagen entgegen. Es zog ihn wieder magnetisch in Wiens Umgebung hinaus – und zwar nach Hetzendorf, wo er sich in der Villa Pronay, Hetzendorfer Str. Nr. 75, häuslich einrichtete. Von Mitte Mai bis zum 13. August hielt er es hier aus. Aber obwohl die Villa schön und stattlich und Beethovens Wohnung darin weit und luftig, auch nach Süden gelegen war, hatte er bald wieder etwas auszusetzen. Dieses Mal am Hausherrn, dem kunstbegeisterten Baron Pronay, der ihm »immer tiefe Komplimente mache, so oft er ihm begegne«.

Beethoven hatte sich in diesen Monaten jegliche Besuche verbeten, da er intensiv mit der Neunten beschäftigt war. Sogar an Schindler schrieb er einen – wenn auch scherzhaften – Brief mit der Auflage: »... Bemüht Euch nicht hieher, bis etwa ein Hati Sherif erscheint. Lebt wohl, bringt auch Niemanden, lebt wohl ...« Nun belästigte es ihn doppelt, dass der Baron andauernd seine Wege kreuzte, ihn mitten in den Inspirationen mit seinen Lobpreisungen langweilte und gar nicht merkte, wie sehr Beethoven die Einsamkeit wünschte und brauchte.

So kam es wie immer in solchen Fällen: Beethoven fühlte sich in dieser Wohnung nicht mehr wohl und setzte sich in den Kopf, auf der Stelle auszuziehen. Schindler berichtet darüber: »... Da erschien eines Morgens seine schnell segelnde Fregatte, die gute, alte Haushälterin, auf meiner Stube – es muß gesagt werden, daß Beethoven seit September 1822 seine Wohnung in der Pfarrgasse (vormals Kothgasse), Vorstadt Laimgruben, mit mir geteilt hatte – und brachte die Botschaft: der Meister fühle sich außerstande, in Hetzendorf weiter zu arbeiten, müsse daher von dort fort; er erwarte mich des andern Tages um 5 Uhr Morgens bei sich, damit ich ihm bei der Aufsuchung einer Wohnung in Baden behilflich sei. Als Beglaubigung kamen nachstehende Zeilen von seiner Hand mit: Samothrazeichen L-k-Macht, das Wetter ist gerade recht. Es ist aber besser früher als später, presto prestissimo, man fährt von hier.«

Hetzendorferstraße 75. Die täglichen Komplimente seines Hausherrn dort waren Beethoven bald so lästig, dass er auszog.

Diese Fahrt von Hetzendorf nach Baden wurde ein merkwürdiges Erlebnis für Schindler. Der missmutige Beethoven ging alle

Im Frühjahr 1822 wohnte Beethoven in Oberdöbling, Wien 19, Pyrkergasse 13, damals Alleegasse 135, bei dem Arzt Dr. Franz Tschepultz. Aus seinen Konversationsheften, Band 2, Heft 11–22, aus welchen hervorgeht, dass Beethoven anno 1822 sehr wohl an Kompositionen arbeitete. Dies wird von verschiedenen Forschern abgestritten.

jemals bewohnten Quartiere in Baden und Umgebung durch: keines wollte ihm für einen neuerlichen Einzug gefallen.

Das einzige, das ihm erträglich erschien, war jenes in der Rathausgasse Nr. 10. Dort aber hatte er sich mit den Hausleuten überworfen, so dass sie ihn nicht wieder aufnehmen wollten, was sie ihm vorsorglich gleich beim Auszug mitgeteilt hatten.

Schindler wurde nun von Beethoven zum Parlamentär ausersehen und verfügte sich zu den Leuten, einer wackeren Kupferschmiedefamilie, um in Beethovens Namen alle erdenklichen Tugenden, vor allem bessere Ordnung und erhöhte Rücksichtnahme gegen die Mitbewohner, zu versprechen. Indessen lief der Meister zitternd und zagend draußen auf der Gasse hin und her. Doch dem Kupferschmied standen die Ärgernisse mit Beethoven noch in allzu deutlicher Erinnerung: er wies Schindler mit ein paar Worten ab. Beethoven war außer sich. Nochmals musste Schindler einen Vorstoß wagen – und wider Erwarten glückte er. Allerdings wurde eine Forderung mit Nachdruck erhoben, die geheimnisvoll anmutete. Beethoven sollte im Zimmer zur Straße wieder wie im Vorjahr Fensterläden anbringen lassen. Beglückt sagte er dies zu, ohne nach dem Grund zu fragen. Für seine empfindlichen Augen, die häufig schmerzten, waren solche Läden ohnehin wohltuend.

Erst viel später hat Beethoven von einem Apotheker in Baden die Hintergründe des Fensterladen-Geheimnisses erfahren. Der Hausherr hatte die Läden, die Beethoven mit allerlei Rechnungen und Gedanken, womöglich auch musikalischen Einfällen, bekritzelte – an Sommergäste für ein hübsches Sümmchen verkauft. Und er hoffte nun, diesen einträglichen Handel fortsetzen zu können. Beethoven soll herzlich gelacht haben, als er dies alles erfuhr. Gekränkt hat es ihn nicht.

HERBST 1823

Trotz der Fürsorge seiner getreuen Haushälterin Frau »Schnaps«, trafen die Besucher Beethoven wieder in unordentlichen Verhältnissen an. Carl Maria von Weber schreibt von einem Besuch am 5. Oktober 1823: »... Wir fanden ihn in einem öden, fast ärmlichen Zimmer. Größte Unordnung, Musik, Geld, Kleidungsstücke auf dem Fußboden, auf dem unsauberen Bette Wäsche gehäuft, der offenstehende Flügel mit dickem Staube bedeckt, zerbrochenes Kaffeegeschirr auf dem Tische... Beethoven war in einem schäbigen, an Ärmeln zerrissenen Hausrock gekleidet ...«

Und Schindler stieß den Seufzer aus: »Mit seinen Manuscripten ging es im Jahre 1823 noch gerade wie 20 Jahre früher... Alles lag unordentlich umher, und wer allenfalls nehmen wollte, konnte es ungehindert thun. Sollte diese Gleichgültigkeit gegen seine Geistesproducte, deren Werth er doch recht gut kannte, nicht der sprechendste Beweis seyn, wie in dem Manne so gar keine Spur von Dünkel, Vornehmthun oder gar Egoismus zu finden gewesen?«

WINTER 1823-24

Im Winter dieses Jahres bezog Beethoven eine Wohnung auf der Landstraße Nr. 323 – ehemals Bockgasse »Zur schönen Sklavin«, im III. Wiener Bezirk, den er vor den anderen bevorzugte. Stephan von Breuning vermerkt: » Für kommenden Winter 1823/ 24 zog er in die Ungargasse in das linke Eckhaus zur Bockgasse 5 (heute Beatrixgasse Nr. 5) mit der Aussicht in letztere. Hier vollendete Beethoven seine IX. Symphonie. Die Wohnung befand sich im 1. Stock.«

FRÜHJAHR 1824

Am 7. Mai 1824 wurde im Kärntnertor-Theater die große Konzertakademie abgehalten. Dabei kamen von Beethoven die Ouvertüre »Die Weihe des Hauses«, drei Hymnen aus der Missa solemnis und die IX. Symphonie zur Aufführung. Die Uraufführung der IX. war ein grandioses, aber auch tragisches Ereignis: Beethoven konnte seine Werke nicht mehr hören und auch nicht die Beifallsstürme, die ihn überschütteten.
Unmittelbar nach diesem großen Triumph begab der Meister sich nach Penzing. Er nahm Wohnung in der Hadikgasse Nr. 62, in der Nähe des Schönbrunner Parkes. Das schöne Haus sah geradeaus über die Wienbrü-

cke – es steht nicht mehr – und auf die Hietzinger Pfarrkirche. Ein großer Garten lud Beethoven zur Erholung und Besinnung ein. Doch der unruhige Geist hielt es auch hier nicht lange aus: schon nach drei Wochen zog er wieder um, obwohl er für den ganzen Sommer den Mietzins entrichtet hatte. Schuld war die Neugier der Menschen, die sich nach der letzten Akademie auf der Wienbrücke förmlich anstellten, um das Genie zu bestaunen.

SOMMER 1824

So ging er nach Baden, wo er Unterkunft in einem Nebengebäude des Schlosses Gutenbrunn fand. Das Schloss besteht nicht mehr, wohl aber das Beethoven-Häuschen. Es ist allerdings völlig umgebaut worden, und man vermag nur mit einiger Phantasie die damalige Wohnung des Meisters zu rekonstruieren.

Dieses Haus sah den kränklichen Beethoven, der bei allem eigenen Schmerz noch Kummer und Sorge um den geliebten Neffen auszustehen hatte. Beethoven richtete von hier die berühmten neunundzwanzig Briefe an Karl, die viele heftige Klagen enthalten, aber einmaliges Zeugnis der unerschöpflichen Güte und Liebe dieses »zweiten Vaters« sind. »… Suche den Narren«, schreibt der gramvolle Onkel, »der sich so geopfert und so belohnt worden und täglich von Dir wird. – Das schlimmste sind die Folgen, die für Dich und Dein Betragen entstehen werden.«

Hadikgasse 62. Die Wohnung in der Hietzinger Hadikgasse Nr. 62 wurde dem alternden Meister verleidet, weil seine Bewunderer sich auf der Wienbrücke anstellten, um einen Blick in seine Fenster zu erhaschen.

»Wer wird Dir glauben, trauen, der hört, was geschehen und wie Du tödlich mich verwundet hast und täglich verwundest... Alle Morgen bringe ich mit den Musen zu – und sie beglücken mich im Gehen auch ...«

Doch nicht ganz verdunkelt waren diese Tage. Beethoven hatte die Kraft, noch zu schaffen... »alle Morgen bringe ich mit den Musen zu ...« Manche Teile der drei Gallitzinquartette op. 127,130 und 132 entstanden und reiften hier. Auch das op. 133 mag hier seine Ursprünge gehabt haben. Der Auftrag zur Komposition von Streichquartetten für den russischen Fürsten Nikolaus Boris Gallitzin datierte bereits aus dem Jahr 1822. Er hatte diesen Musikfreund anno 1805 in Wien kennengelernt. Schindler schrieb dazu: »Seit Beethoven mit dieser Arbeit begonnen hatte, strömte ihm ein solcher Reichtum neuer Quartettideen aus der unerschöpflichen Phantasie entgegen, daß er beinahe unwillkürlich noch das Cis-Moll- und F-Dur-Quartett schreiben mußte.«

Gemälde von Ferdinand Waldmüller, 1823 (Breitkopf & Härtel, Wiesbaden)

Und Beethoven schrieb an den Fürsten nach Moskau die wunderbaren Worte: »... Glauben Sie mir, daß mir das Höchste ist, daß meine Kunst bei den edelsten und gebildetsten Menschen Eingang findet ...« Sein Lieblingsstück war die Kavatine Adagio molto expressivo aus dem B-Dur-Quartett op. 130, das er unter Tränen der Wehmut komponierte.

Welch menschlicher, doch dabei versöhnlicher Gegensatz, wenn man von Beethovens Speisezettel-Wünschen aus dieser Zeit erfährt. So bestellte er sich einmal – laut Konversationsheft – zu Mittag: Saftsuppe, Fleisch mit Sauce, Blaukohl mit Kastanien, Wilde Ente. Und vorsorglich meinte er: »Wenn die Haushälterin aber keine Wildente bekommt, dann ein anderes Wildbret, Haselhuhn, Duckente, Wasser-Rohrhendl«, das wäre ihm genehm. Dazu: Schlegel und Mehlspeise. Weil die Haushälterin meint, dass ein Rehschlegel für denselben Tag nicht herzurichten sei, fällt ihm gleich ein anderes Mahl ein. Sie einigen sich auf Fritatten, Nudelsuppe, Fleisch mit Sauce, Spinat mit Karbonaden, kalten Kalbsbraten. Und als Nachtisch: eine verdeckte Speise – vermutlich eine Pastete oder einen Kuchen. Da aber Beethoven oft übel gelaunt wurde, sobald die geringste Kleinigkeit nicht geriet, und dabei der Köchin hart zusetzte, schreibt während des Essens ein Tischgast auf: »Sie (die Haushälterin) sagt, sie hätte heute gar keinen Wein verdient, aber sie will Ihnen in Zukunft alles in den Augen absehen, was Sie wünschen!« Über dieser Aussicht mag Beethoven der Frau ihr Glas recht voll geschenkt haben – er konnte ja ohnedies nie lange zürnen.

WINTER 1824

Inzwischen war Karl auf die Universität gekommen. Daraus ergab sich, dass Beethoven den Winter in Wien verbrachte, damit der Neffe sein Recht bekam. Er fand im November eine Bleibe in der Johannesgasse auf Nr. 696 im 4. Stock, wo ihm jedoch die Hausbesitzerin, Frau Kletschka, nach drei Wochen »wegen geräuschvollen Benehmens« aufkündigte.

Grollend zog Beethoven in die Krugerstraße um, und zwar in die damalige Nr. 767, rechte Stiege, zweiter Stock. Aber auch diese Wohnung sah ihn nur die kalten Monate hindurch.

Der russische Fürst Nikolaus Boris Gallitzin veranlasste Kompositionen bei Beethoven, die der Alternde voller Begeisterung ausführte.

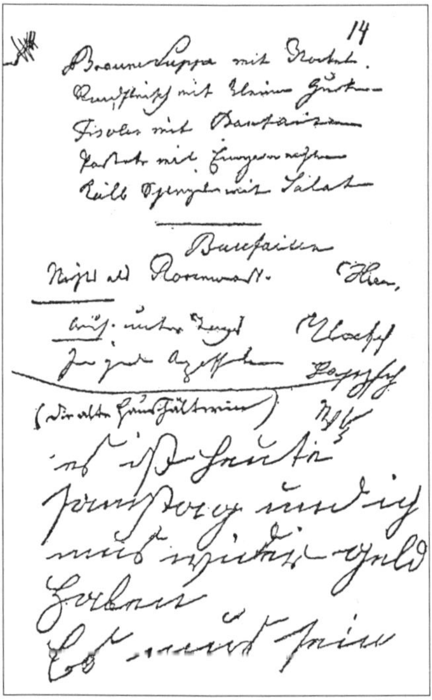

Aus einem Konversationsheft. Speisezettelberatungen und Eintragung der Haushälterin

Große
musikalische Akademie

von

Herrn L. van Beethoven,

welche

morgen am 7. May 1824,

im k. k. Hoftheater nächst dem Kärnthnerthore,

abgehalten wird.

Die dabey vorkommenden Musikstücke sind die neuesten Werke des Herrn Ludwig van Beethoven.

Erstens. Große Ouverture.

Zweytens. Drey große Hymnen, mit Solo- und Chor-Stimmen.

Drittens. Große Symphonie, mit im Finale eintretenden Solo- und Chor-Stimmen, auf Schillers Lied, an die Freude.

Die Solo-Stimmen werden die Dlles. Sontag und Unger, und die Herren Haizinger und Seipelt vortragen. Herr Schuppanzigh hat die Direction des Orchesters, Herr Kapellmeister Umlauf die Leitung des Ganzen, und der Musik-Verein die Verstärkung des Chors und Orchesters aus Gefälligkeit übernommen.

Herr Ludwig van Beethoven selbst, wird an der Leitung des Ganzen Antheil nehmen.

Die Eintrittspreise sind wie gewöhnlich.

Die Logen und gesperrten Sitze sind am Tage der Vorstellung an der Theaterkasse, in der Kärnthnerstraße Nro. 1038, im Eckhause beym Kärnthnerthore, im ersten Stocke, zu den gewöhnlichen Amtsstunden zu haben.

Freybillete sind ungültig.

Der Anfang ist um 7 Uhr Abends.

Das Jahr 1824 brachte Aufführungen und Erfolge für Beethoven, an die er nicht mehr geglaubt hatte.

SOMMER 1825

Im Sommer war Beethoven wieder im Nebenhäuschen von Schloss Gutenbrunn in Baden. Er unternahm Spaziergänge über viele Stunden und langte oft erst abends hungrig und müde in Baden wieder an.

Einmal wäre er fast in eine böse Lage gekommen: man hielt ihn für einen Vagabunden und wollte ihn arretieren. Es war aber so, dass Beethoven in seiner Zerstreutheit an diesem Morgen einen alten Rock angezogen hatte und ohne Hut von zuhause weggegangen war. Meditierend und voller Inspirationen ging er weiter und weiter, bis es dämmrig wurde. Da er nicht wusste, wo er sich aufhielt, stellte er sich unter die erleuchteten Fenster und schaute angelegentlich hinein. Einigen Bewohner fiel der abgerissene Mann auf; sie brachten ihn auf die Wache, wo er sogleich verhaftet wurde. Auf seine wiederholte zornige Versicherung: »Ich bin Beethoven«, wurde ihm spöttisch erwidert: »Warum nit gar. A Lump sind Sie – so sieht der Beethoven nit aus.« Erst der um Mitternacht noch herbeigerufene Musikdirektor Herzog von Wiener Neustadt wies Beethoven einwandfrei aus. Er nahm den erschöpften Meister mit in sein Haus, wo er im Gastzimmer einquartiert wurde. Am anderen Morgen beförderte ein Magistrats-Staatswagen ihn nach Baden – nicht ohne dass der Bürgermeister von Wiener Neustadt sich bei dem zu Unrecht Arretierten viele Male entschuldigt hätte.

WINTER 1825/26

Zum Winter nahm Beethoven im sogenannten »Schwarzspanierhaus« auf dem Alserstädter Glacis Nr. 200 in Wien Wohnung. In dieser letzten seiner irdischen Behausungen verblieb er vom 15. Oktober des Jahres 1825 bis zu seinem Ende am 26. März 1827. Das Haus hatte seinen Namen aus der Tatsache, dass es einstmals Kloster der spanischen Mönche in schwarzen Kutten war.

Diese Wohnung war allerliebst. Vor allem wies sie die von ihrem neuen Besitzer erwünschte weite Aussicht auf – und zwar über das Glacis und die innere Stadt mit ihren prächtigen Gebäuden, ihren Kirchen und Plätzen. Beethoven wohnte im zweiten Stockwerk. Man gelangte über eine schöne, breite Haupttreppe in diesen Stock und, vom Flur durch eine niedere Tür eintretend, in ein geräumiges Vorzimmer. Aus diesem Raum kam man direkt in die Küche und dann in ein großes Zimmer, das von der Haushälterin – der guten »Sali« – bewohnt wurde. Links neben dem Vorzimmer lag ein Kabinett, dessen Fenster zur Straße hinausging; daneben ein zweites Kabinett; rechts neben dem Vorzimmer befand sich ein Zimmer mit zwei Fenstern und daneben nochmals ein Kabinett. Eine Verbindungstür führte von dort aus in das Dienstbotenzimmer.

Beethoven hatte sich die beiden Zimmer rechts vom Vorzimmer als Schlaf- und Klavierzimmer sowie Kompositionsraum eingerichtet. Hier standen der Broadwood-Flügel – ein Geschenk von Freunden aus England –, das alte Stehpult, an dem so viele unvergängliche Werke entstanden waren, und der Schreibtisch. Über die weitere Einrichtung erfahren wir von Schindler:

Beethovens letzte irdische Wohnung bezog er in Wien auf dem Alserstädter Glacis Nr. 200 am 15. Oktober 1825. Am 26. März 1827 starb er hier während eines schweren Gewitters.

Nach dem Selbstmordversuch seines ungeratenen Neffen brach Beethoven zusammen. Diesen Schlag verkraftete er nicht mehr.

»Auf dem Schreibtisch waren als Briefbeschwerer zu sehen Kosaken und Ungarische Husaren, dazu einige Leuchter von verschiedenen Formen, mehrere Schellen, vom Silber- bis zum Schafglockenton, einige Statuetten alter Griechen und Römer, davon sich nur mehr die von Brutus erhalten, den er so bewundert hat, und Schreibutensilien von neuester Erfindung.

Ferner sah man Glockenzüge, in einem Zimmer mit einer kostbaren dicken Seidenschnur, im anderen mit einem hanfenen Strick usw. Für Möbel jeder Art hat der Meister nicht mehr verwendet, wie der ärmste Handwerker. Er kaufte sie stets beim Trödler. Bei seinen Stadt-Promenaden verweilte er vor diesem oder jenem Laden, die Auslagen so lange belorgnettirend, bis er sich in irgendetwas verliebte und es kaufte. Manche dieser Gegenstände waren für den Neffen bestimmt. Das beständige Wanderleben, Einpacken und Auspacken, hat jedoch dieses mitunter ernste Spielzeug immer wieder aus dem Gesichtskreis verschwinden gemacht. Nur einiges konnte aufbewahrt werden.«

In dieser Wohnung vollendete Beethoven die letzten Streichquartette für den Fürsten Gallitzin, und zwar op. 131 in Cis-Moll und op. 135 in F-Dur.

BEETHOVENS WOHNUNGEN

In Wien und Umgebung

Wien:

Alsergasse Nr. 45 bei Buchdrucker Strauß – Dachgeschoss (1792)
Alsergasse Nr. 45 bei Fürst Lichnowsky – Erdgeschoss (1793/94)
Alserstädter Glacis Nr. 200 (Schwarzspanierhaus) (1825/27)
Alservorstadt, Rotes Haus (1802, 1803)
Am Petersplatz, 4. Stock (1802)
Auf der Seilerstätte, Gräflich Lambertisches Haus (1815/16)
Bockgasse Nr. 5, 1. Stock, III. Bezirk (1823/24)
Gärtnergasse Nr. 26 (1818)
Landstraße Hauptstraße Nr. 60 (1821/22)
Im Klepperstall (1809)
Johannesgasse Nr. 969, 4. Stock (1824)
Josefstädter Glacis (1818/19)
Krugerstraße 767, 2. Stock (1824)
Laimgrube Nr. 26 – Theater an der Wien, VI. Bezirk (1802/1803)
Laimgrube – Kothgasse Nr. 61 (1822)
Landstraße Nr. 268, 2. Stock (1817)
Mölkerbastei Nr. 8, 4. Stock (1804, 1805, 1806, 1807, 1810)
Mölkerbastei Nr. 10 (1808)

Mölkerbastei Nr. 94, »Bartenstein-Haus«, 1. Stock (1813, 1814, 1815)
Tiefer Graben Nr. 241, 3. Stock, I. Bezirk (1799, 1800)
Ungargasse Nr. 391 (1820)
Walfischgasse Nr. 1087, 2. Stock (1809)
Wasserkunst-Bastei Nr. 1196, I. Bezirk (1801)
Wiener Kreuzgasse Nr. 35, 2. Stock (1795)
Wiener Landstraße Nr. 244, Großes Haus der Augustiner (1818)
Wiener Freiung, Gasthaus »Römischer Adler«, I. Bezirk (1816/17)

Wien-Alt-Lerchenfeld:
Nr. 8 (1820)

Wien-Penzing:
Hadikgasse Nr. 62 (1824)

Baden:
Antonsgasse Nr. 4 (1821)
Grabengasse (ohne Nummer) (1807)
Johannesbad (1806, 1807, 1810, 1815)
Rathausgasse Nr. 10, 1. Stock (1821, 1822, 1823)
Schloss Gutenbrunn (Nebengebäude) 1824, 1825
Sauerhof (1813)

Baden Weikersdorf:
Gräflich Ossolinskysches Haus (1816)

Döbling:
ohne Anschrift, Hofzeile 5 (1804)

Ober-Döbling:
Nr. 4 – Biederhof (1803)

Unter-Döbling:
ohne Anschrift Nr. 11 (1800)
Pyrkergasse 13 (1821)

Gneixendorf Schloss:
1826

Heiligenstadt:
Grinzinger Straße Nr. 8 (1808)
Pfarrplatz Nr. 2 (1817)
Probusgasse Nr. 6 (1802)

Hetzendorf:
Hetzendorfer Straße Nr. 75 (1823)
Seilernsches Schlösschen (1801)

Mödling:
Babenberger Straße Nr. 38 (1820)
Hauptstraße Nr. 79, 1. Stock (1818, 1819)

Nußdorf:
Kahlenberger Straße Nr. 26 (1817)

SOMMER 1826

Es war die Tragik im Leben Beethovens, dass der, an den er sein einsames, großes Herz gehängt hatte – der Neffe –, sich dessen unwürdig erwies. Am 26. Juli des Jahres 1826 machte der ungeratene Jüngling auf dem

Turm der Ruine Rauhenstein im Helenental einen Selbstmordversuch, der zu seinem und Beethovens Glück misslang. Aber wie tief traf er den Oheim! Schindler drückte das so aus, als er wehklagend rief: »Beweise tiefen Schmerzes ob der seinem Namen widerfahrenen ... Kränkungen waren deutlich in seiner gebeugten Haltung zu erblicken. Ein Greis von nahezu siebzig Jahren stand vor uns, willenlos, fügsam, jedem Luftzug gehorchend ...«

Ja, Beethoven war zutiefst getroffen. Von diesem Schlag erholte er sich nicht mehr. Er war willenlos geworden; und aus diesem Zustand entschloss er sich zu dem, was er alle Jahre hindurch wohlweislich unterlassen hatte: er kam der Einladung seines Bruders Johann auf dessen Schloss Gneixendorf bei Krems nach. Die

Auf der Ruine Rauhenstein im Helenental versuchte Beethovens Neffe Karl sich das Leben zu nehmen.

Umstände dieser Reise aber sollten das Ende Beethovens beschleunigen. Es kam rascher, als seiner körperlichen Verfassung nach zu erwarten war.

HERBST 1826

So machten sich Onkel und Neffe in den letzten Septembertagen des Jahres 1826 auf den Weg nach Gneixendorf. Es war dies ein liebliches Barockschlösschen mit schönen Ausblicken in die Gegend längs der Donau. Das Schloss hatte einen Uhrturm und ein Mansardendach. Es ist heute noch leidlich erhalten.

Das Eckzimmer im ersten Stock wurde Beethoven von seinem Bruder eingeräumt. Noch einmal kehrte in dieser begnadeten Umgebung die alte Schaffenslust zurück. Er schrieb das Finale zum Gallitzin-Quartett op. 130 und vollendete das Streichquartett op. 135. Auch sein Humor lebte wieder auf. So schrieb er am 13. Oktober 1826 an Tobias Haslinger, seinen langjährigen Verleger in der Wiener Paternostergasse: »Bester aller Tobiasse! Wir schreiben Ihnen hier von der Burg des Signor Fratello ... Die schöne Witterung und der Umstand, dass ich den ganzen Sommer hindurch nicht aufs Land kam, ist schuld, daß ich hier länger verweile ... Indessen, bester Tobiasserl, brauchen wir Geld, denn es ist nicht alles eins, ob wir Geld haben oder keins.«

Beethovens Tagesablauf in Gneixendorf glich ganz dem in Baden, Penzing und Heiligenstadt. Gleich nach dem Frühstück trieb es ihn ins Freie; er schlenderte auf den Feldern umher, schrie, schlug mit den Händen den Takt, ging einmal langsam, dann wieder rasch, blieb plötzlich stehen und schrieb in seine Notizbücher.

Einmal merkte er am Mittagstisch, dass er seine Aufzeichnungen verloren hatte. »Michael«, sagte er zu seinem Diener, »laufe und suche meine Schriften, ich muß sie um jeden Preis wieder haben!« und dieser, der die Spazierwege seines Herrn genau kannte, fand sie wirklich.

Um 12.30 Uhr kam der Naturschwärmer gewöhnlich zum Essen ins Haus. Nach Tisch ging er auf sein Zimmer und ruhte ungefähr bis 15 Uhr. Nachmittags eilte er wieder durch die Wälder und Felder bis vor Sonnenuntergang.

Er besuchte das Städtchen Krems, ging durch die Weinberge von Langenlois; im Dörfchen Imbach besichtigte er die Kirche und stieg zum Barockstift Göttweig empor, um die Aussicht über die gesegnete, fruchtbare Wachau zu genießen.

»Ich hoffe, noch einige große Werke zur Welt zu bringen und dann, wie ein altes Kind irgendwo unter guten Menschen meine irdische Laufbahn zu beschließen ...«, schrieb er schon im Dezember 1825 an seinen alten Freund Wegeler in Bonn.

Doch dieser Wunsch sollte Beethoven nicht mehr erfüllt werden. Da er sich immer schwächer fühlte, auch seine Beine anzuschwellen begannen, dachte er an die Rückkehr nach Wien. Mit dem »elendesten Fuhrwerk des Teufels«, einem Milchwagen, musste er die Heimkehr antreten, weil sein Bruder ihm die Benutzung seiner geschlossenen Kalesche versagte.

Unterwegs wurde in einem Dorfgasthaus Station gemacht. Erste Fieberschauer stellten sich ein. »… Mit dem Eintritt der Fieberhitze trank Beethoven ein paar Maß eiskaltes Wasser und sehnte sich in seinem hilflosen Zustande nach dem ersten Lichtstrahl des Tages … Kraftlos und erschöpft langte er in Wien am 2. Dezember im Schwarzspanierhaus an …«, so lautete der Bericht des Arztes Professor Dr. Andreas Wawruch über die letzte Krankheit seines berühmtesten Patienten.

FRÜHJAHR 1827

Am 26. März 1827 zwischen 16 und 17.00 Uhr starb Ludwig van Beethoven im Schwarzspanierhaus zu Wien, »… als die allenthalben herangetriebenen dichten Wolkenmassen mehr und mehr das Tageslicht verdunkelten, und mit einem Mal entlud sich unter riesigem Schneegestöber und Hagel ein heftiges Gewitter … Ein Blitz fuhr hernieder und erleuchtete grell das Sterbezimmer … Nach diesem unerwarteten

Schloss Gneixendorf bei Krems. Im Spätherbst 1826 befand sich Beethoven auf diesem Gut, das damals seinem Bruder Johann gehörte.

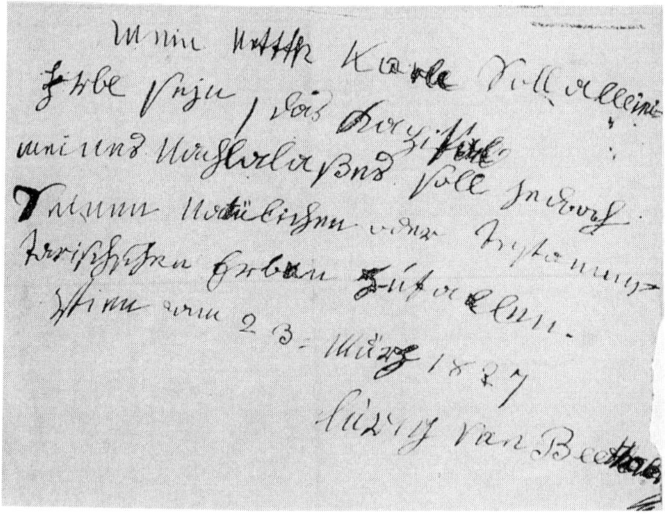
Mein Neffe Karl Soll alleiniger Erbe seyn, das Kapital meines Nachlaßes soll jedoch Seinen Natürlichen oder testamentarischen Erben zufallen. Wien am 23. März 1827 Ludwig van Beethoven

Zusatz zum Testament: »Mein Neffe Karl soll alleiniger Erbe sein, das Kapital meines Nachlasses soll jedoch seinen natürlichen oder testamentarischen Erben zufallen.«

Naturereignis ... öffnete Beethoven die Augen, erhob die rechte Hand und blickte starr mit geballter Faust mehrere Sekunden lang in die Höhe mit sehr ernster Miene ... Als er die erhobene Hand wieder auf das Bett niedersinken ließ, schlossen sich seine Augen zur Hälfte. Kein Atemzug, kein Herzschlag mehr. Des großen Tonmeisters Genius – entfloh aus dieser Trugwelt ins Reich der Wahrheit ...«, berichtet der Komponist Anselm Hüttenbrenner, der allein bei dem Sterbenden geblieben war.

Der Unruhvolle hatte endlich Ruhe gefunden, er war in seine ewige Heimat eingegangen. Sein rastloses Suchen, seine kleinen menschlichen Schwächen und Unzulänglichkeiten – sie machen uns den Genius nur vertrauter. Zeitlos wie seine Musik steht das Bild des

Einladung

zu

Ludwig van Beethoven's

Leichenbegängniss,

welches am 29. März um 3 Uhr Nachmittags Statt finden wird.

Man versammelt ~~sich in der Wohnung~~ des Verstorbenen im Schwarzspanier=Hause Nr. 200,
am Glacis vor dem Schottenthore.

Der Zug begibt sich von da nach der Dreyfaltigkeits=Kirche
bey den P. P. Minoriten in der Alsergasse.

Die musikalische Welt erlitt den unersetzlichen Verlust des berühmten Tondichters am 26. März 1827 Abends gegen 6 Uhr.
Beethoven starb an den Folgen der Wassersucht, im 56. Jahre seines Alters,
nach empfangenen heil. Sacramenten.

Der Tag der Exequien wird nachträglich bekannt gemacht von

L. van Beethoven's
Verehrern und Freunden.

Menschen Beethoven vor unseren Augen. In jeder Begebenheit seines Lebens dürfen wir ihn erkennen: den »Gemütlichsten aller Guten«! So nannte ihn sein Zeitgenosse und Freund Johann Wolfmayr. Seine Liebe zum Menschen und zu seinem Werk ließ ihn sein Schicksal ertragen: er gab – und gibt noch immer: Tröstung und Erbauung, Aufschwung und Frieden. Als Motiv für Wirken und Sein aber mögen die Worte gelten, die er aus tiefer Wahrheit an den Beginn seiner Missa solemnis stellte: »Von Herzen – möge es wieder zu Herzen gehen.«

BEETHOVENS HINTERLASSENSCHAFT

Nach Abzug der Krankheits-, Begräbnis- und Gerichtskosten, die rund 1213 Gulden ausmachten, belief sich Beethovens Hinterlassenschaft auf folgendes:

Bares Geld	1215,60 Gulden
Einlösungsscheine	600,– Gulden
Guthaben	144,53 Gulden
Bankaktien	7441,– Gulden
Kostbarkeiten	314,50 Gulden
Leibkleider und Leibwäsche	37,– Gulden
Hauswäsche und Einrichtung	156,– Gulden
Musikinstrumente	78,– Gulden
Musikalien und Handschriften	480,30 Gulden
Bücher	18,20 Gulden
Zusammen	10 485,13 Gulden

Die Versteigerung des Nachlasses am 5. November 1827 ergab 1440 Gulden 18 Kreuzer K.-W., was nach heutigem Geld etwa 2865 Mark (20 055 öS) wären.

MEIN ENGEL, MEIN ALLES, MEIN ICH

Ludwig van Beethoven hatte mit seiner »Unsterblichen Geliebten« eine Tochter. Erst Jahre nach seinem Tod kann diese seine wohl wichtigste Liebesbeziehung rekonstruiert werden und lässt sich nachvollziehen:

Am 6. Juli 1812 schreibt der berühmte Komponist Ludwig van Beethoven einen glühenden Liebesbrief in drei Teilen an eine Frau. Fünfzehn Jahre später, nach Beethovens Tod, wird der Brief in einem Geheimfach seines Schreibsekretärs entdeckt.

»Mein Engel, mein Alles, mein Ich«, nennt der Verliebte die Frau seines Herzens. Einen Namen führt er nicht an!

Sicher hat er dafür triftige Gründe: die Geliebte könnte verheiratet sein …

Bis vor kurzem hat die Nachwelt darüber gerätselt, wer diese »Unsterbliche Geliebte« des Genies wohl war! Verschiedene Frauen kamen ins Gespräch, denn wie es heißt, war der ewige Junggeselle Beethoven doch »nie ohne Liebe«.

Man brachte die Wirtstochter Babette Koch ins Spiel, für die er als Jüngling schwärmte; die reizende Gattin eines Bibliothekars, Marie Bigot, der er im Beisein ihres Mannes ganz unverblümt den Hof machte; die sehr kokette junge Komtesse Giulietta Guicciardi, der er seine

»Mondscheinsonate« widmete; seinen »seelischen Beichtvater«, die halb gelähmte Gräfin Erdödy, die zeitweise seine Schülerin war; Bettina von Arnim, die romantisch verspielte Dichterin, die ihn in Wien aufsuchte; die etwas verwachsene Gräfin Therese Brunswick, der er mehrere Lieder widmete …

Auf die einzige, der in Wahrheit jene leidenschaftlichen Zeilen bestimmt waren, die er entweder nie absandte oder nach dem Bruch zurückerhielt, ist man erst jetzt gekommen.

Und diese Einzige war die schöne, unglückliche Gräfin Josephine Marie Nepomucesse Aloysie von Brunswick, verwitwete Gräfin Deym, verehelichte Baronin Stackelberg! Die Schwester Therese Brunswicks.

Die Freundschaft mit den Brunswicks, zu denen noch ein Bruder Franz und Schwester Charlotte zählten, datierte aus dem Frühjahr des Jahres 1799. Damals reisten die jungen Komtessen mit ihrer verwitweten Mama nach Wien. Die Gräfin wollte nicht nur ihren erblühten Töchtern die Kaiserstadt zeigen, sondern sich auch insgeheim nach einem Ehemann für die Schönste aus der Familie, die knapp 18-jährige Josephine umsehen … Nach neuesten Forschungen war Josephine bereits zwanzig.

BEETHOVEN ALS MUSIKLEHRER DER GRÄFINNEN

Außerdem wollte sie ihre Schwester, eine Gräfin Finta, besuchen. Gesagt, getan! Die Damen, die von ihrem ungarischen Schloss Martonvásar kamen, stiegen in Wien im damaligen Hotel »Zum goldenen Greifen« ab, erfrischten sich kurz und machten sich sodann auf den Weg in die Innere Stadt.

Dort hatten sie zwei Ziele: die »Müllersche Kunstgalerie« in der Rotenturmstraße, ein Wachsfigurenkabinett, dessen Besitzer ein sehr rätselhafter Mensch war. Und das Domizil des neunundzwanzigjährigen Komponisten Beethoven, dessen Ruf bereits bis nach Ungarn gedrungen war.

Man kann es als eigentümliche Fügung des Schicksals betrachten, dass die blutjunge Josephine Brunswick gleichsam an ein und demselben Tage mit zwei Männern bekannt wurde, die in ihrem Leben eine entscheidende (vielleicht die entscheidenste) Rolle spielen sollten.

Denn der Besitzer des Wachsfigurenkabinetts, Josef Graf Deym von Stritetz, wurde nach wenigen Wochen ihr erster Ehemann! Beethoven aber sollte über lange Jahre ihr Freund bleiben! Bis er dann, im Frühsommer des Jahres 1812 nach einer intimen, leidenschaftlichen Begegnung, auch Vater ihrer jüngsten Tochter Minona wurde.

Einstweilen jedoch gelang es den hübschen, munteren Komtessen, den etwas brummigen Meister dazu zu bewegen, ihnen Musiklektionen zu erteilen! Darüber schrieb Therese Brunswick später in ihren Memoiren: »... Er kam fleißig, blieb aber statt eine Stunde von 12 oft bis 4 oder 5 Uhr und wurde nicht müde, meine Finger, die ich emporzustrecken und flach zu halten gelehrt worden war, niederzuhalten ... Zu dieser Zeit ward mit Beethoven die innige, herzliche Freundschaft geschlossen, die bis an sein Lebensende dauerte. Er kam nach Ofen, er kam nach Martonvásar ...«

Soweit Therese von Brunswick.

VERLIEBT BIS ÜBER BEIDE OHREN

Man stelle sich die Szene vor: die reizende, seelenvolle Komtesse Josephine neben dem jungen Komponisten am Klavier. Beide zwar vertieft in die Mysterien der von ihnen angebeteten Musik, jedoch glühend und voller Romantik, so dass nur ein Schritt war zu heftigster Verliebtheit ...

Bevor die schöne Zeit zu Ende war, schrieb der »liebe Louis«, wie die beiden Mädchen ihn titulierten, den Schwestern das von ihm vertonte Goethe-Gedicht »Ich denke dein« ins Stammbuch.

Die Liebe war offenbar! Doch zu dieser Zeit war Josephine schon dem fast dreißig Jahre älteren »Hagestolz« Deym versprochen. Diese Ehe kam nur auf

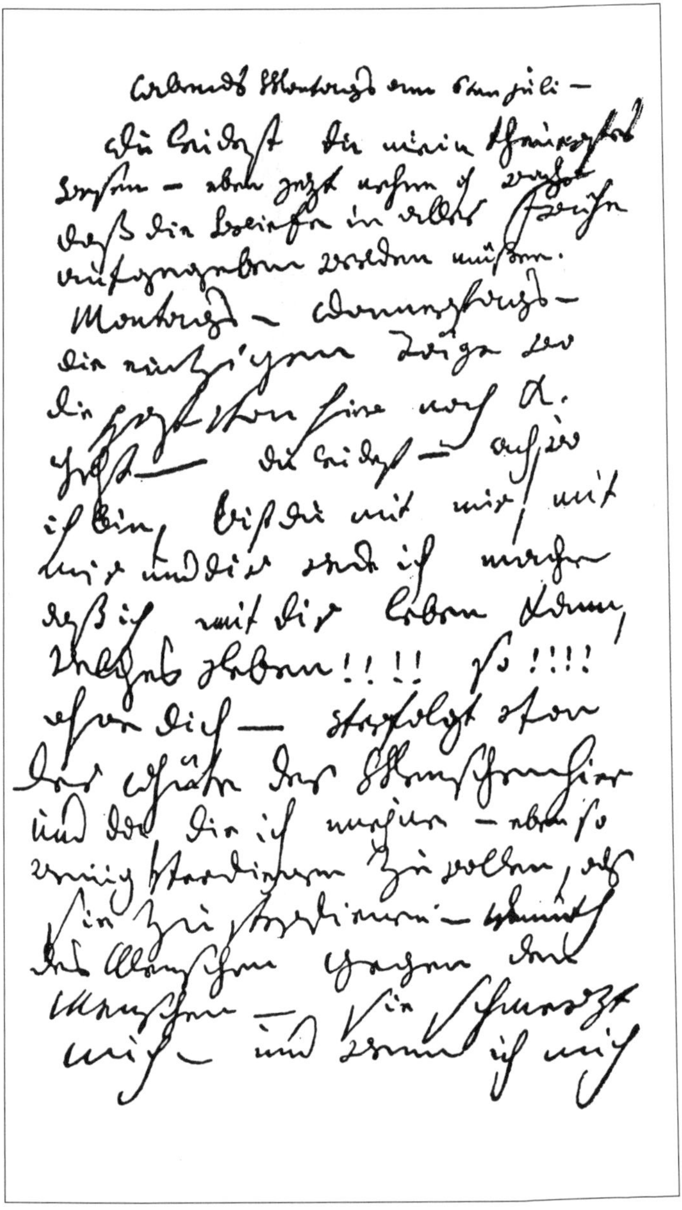

Abends Montags am 6ten Juli –
Du leidest du mein theuerstes
Geschöpf – eben jezt nehme ich wahr
daß die Briefe in aller Frühe
aufgegeben werden müßen.
Montags – Donnerstags –
die einzigen Täge wo
die Post von hier nach K.
geht – du leidest – Ach, wo
ich bin, bist du mit mir, mit
mir und dir rede ich mache
daß ich mit dir leben kann,
welches Leben!!!! so!!!!
ohne dich – verfolgt von
der Güte der Menschen hier
und da, die ich meine – eben so
wenig verdienen will, als
sie zu verdienen – Demuth
des Menschen gegen den
Menschen – sie schmerzt
mich – und wenn ich mich

Briefe an die unsterbliche Geliebte. Anfang des zweiten Teils

Josephine Brunswick in ihrer Blütezeit

Betreiben der alten Gräfin zustande: sie glaubte, in dem Grafen einen reichen Schwiegersohn gefunden zu haben.

Wie sehr sollte sie sich täuschen! Nicht nur, dass Deym in misslichen Verhältnissen lebte, war auch sein Charakter dem seiner jungen »Verlobten« viel zu konträr, um konstantes Glück zu gewährleisten.

Gräfin Anna von Brunswick verheiratete ihre blutjunge Tochter Josephine mit dem 26 Jahre älteren Grafen Deym, um sie versorgt zu wissen.

Schließlich aber unterliegt es heute keinem Zweifel mehr, dass auch Josephines Herz für Beethoven schlug. Doch einen Musikanten als gräflichen Ehemann? Das wäre gegen die Konventionen jener Zeit gewesen...

Und so musste denn unter Tränen geschieden sein.

Am 29. Juni schon fand die Hochzeit auf Schloss Martonvásar statt.

UNGLÜCKLICHER BEETHOVEN

Zu dieser Zeit schrieb der verschmähte Liebhaber bitter an einen Freund: »Heute bekam ich eine Einladung nach Mödling und gehe noch diesen Abend auf einige

Tage dahin. Sie war mir umso willkommener, da mein ohnedem zerrissenes Herz noch mehr würde gelitten haben.«

Ja, Beethoven war bitter enttäuscht. Dennoch gab er die Hoffnung nicht auf. Und die Zeit nach Josephines Rückkehr als junge Gräfin Deym schien ihm Recht zu geben: wenn auch widerstrebend, fand der ältliche Ehemann sich damit ab, dass der »liebe Louis« regelmäßig mehrmals wöchentlich ins Deymsche Palais kam, um Josephine Musiklektionen zu erteilen.

Dass die reizende Dame des Hauses ihn aber auch sonst gerne um sich sah, geht aus einem Billett des Meisters hervor, in dem er schreibt: »Ich glaube, liebe J., gestern nicht recht acht gegeben zu haben: Sagten Sie nicht, ich solle zum Speisen zu Ihnen kommen? Wenn Sie es wirklich gesagt haben, so komme ich! Auf glückliches wiedersehen! – In Eile Ihr Sie anbetender B.«

Auf Betreiben ihrer Mutter hatte die junge Gräfin Josephine Brunswick »standesgemäß« geheiratet – einen um vieles älteren Grafen, der übrigens wegen einer düsteren Duellgeschichte mehrere Jahre aus Wien verjagt worden war. Doch dieser Joseph Graf Deym tut alles, um seine schöne Frau zu verwöhnen! Er umgibt sie in seinem Wiener Palais mit Luxus, kauft ihr herrliche Kleider, lässt ihr freie Hand hinsichtlich ihrer Liebe zur Musik.

Er selber allerdings hat kein Faible für das Klavier. Immer, wenn Josephine von Beethoven unterrichtet wird, zieht er sich zurück, Kopfschmerzen vorschützend.

Dafür spielt ihre jüngere Schwester Charlotte »Anstandsperson«: sie ist meist bei den Lektionen zugegen.

Natürlich ist sie eingeweiht in die Herzensgeheimnisse der beiden Liebenden. Und sie weiß auch, dass Beethoven ihrer Schwester vorwirft, sie habe sich vom Grafen – kaufen lassen.

Dieser Vorwurf trifft Josephine hart! Sie schreibt Beethoven. Die Entwürfe sind noch heute vorhanden.

»Vorausgesetzt, daß ich Ihnen gut bin, daß ich Wert in Ihre Freundschaft setze – wie können Sie mich so kränken, mich, die Sie vertrauensvoll tiefer in ihrer Seele lesen ließ, als unsere kurze Bekanntschaft es eigentlich erlaubte, der sie eben dadurch wissen, wie wenig Ursache zum Frohsein ich habe! Und Sie können mich betrüben durch Mangel an Vertrauen, an Festigkeit in meinem Charakter? Ihr Herz widerspricht nicht, wenn Sie mich Sachen beschuldigen ...«

Ihrer Familie in Ungarn klagt die junge Frau, die eben ihr erstes Kind erwartet, sich in beredten Worten aus: »Fern von Euch, Ihr Lieben, werde ich nie glücklich sein können – obgleich mein Mann sehr gut ist. Aber seine Erziehung, seine Ansichten, sein Alter sind so verschieden von dem meinen! Ich wünschte, daß ihr da glücklicher werdet, mindestens freier und mehr nach Eurer Neigung wählen und leben dürft!«

Dieser letzte Satz ist speziell für Ihre Schwestern Therese und Charlotte bestimmt. Zu Recht muss Josephine befürchten, dass auch sie von der mehr als ehrgeizigen Mutter wegen Standesdünkels wider ihren Willen verheiratet werden ...

VERZWEIFELTER BEETHOVEN

Obwohl die Wunde schmerzt, kann er doch der Versuchung nicht widerstehen, immer wieder die Nähe Josephines zu suchen.

Vor allem der Gedanke macht ihn rasend, dass sie dem ungeliebten Mann durch eheliche Pflichten angehören muss. Darüber notiert er in sein Tagebuch: »Körperliche Vereinigung ohne Vereinigung der Seelen, ohne Liebe, ist viehisch!«

Er, der Josephine von ganzem Herzen liebt, so meint Beethoven, hat das größere, ethische Recht, von ihr Hingabe zu verlangen.

Nach einer heftigen Auseinandersetzung zwischen beiden lässt Josephine ihn wissen: »Noch ehe ich Sie kannte, machte Ihre Musik mich für Sie enthousiastisch; die Güte Ihres Charakters und Ihre Zuneigung vermehrten dieses! Der Vorzug, den Sie mir gewährten, das Vergnügen Ihres Umgangs wären der schönste Schmuck meines Lebens, liebten Sie mich minder sinnlich! Da ich diese sinnliche Liebe nicht befriedigen kann, zürnen Sie auf mich! Ich müßte heilige Bande verletzen, gäbe ich Ihrem Verlangen Gehör! Glauben Sie mir, daß ich durch Erfüllung meiner Pflichten am meisten leide, und daß gewiß edle Beweggründe meine Handlungen leiteten ...«

Deutlicher und mutiger kann wohl keine Frau in dieser Situation ihren wahren Gefühlen Ausdruck verleihen! Diese Briefe beweisen einwandfrei, wie sehr Josephine Beethoven liebte.

Er aber, jung und heißblütig, ganz das Gegenteil des alternden, blassen und verlebten Ehegatten, gibt die Hoffnung nicht auf, Josephine so oder so zu erringen.

DAS GENIE ALS KAVALIER

Diese erste und wohl auch einzige große Liebe in Beethovens Leben veränderte ihn völlig.

Um der Angebeteten »würdig« zu sein, begann er Wert auf sein Äußeres zu legen. Er kleidete sich modisch, besuchte regelmäßig den »Barbier«, trug ausschließlich Hemden aus feinstem Stoff, nahm einen Diener auf, der gleichzeitig als Postillon d'amour fungierte, und hielt sich sogar ein Reitpferd, obwohl er ein miserabler Reiter war.

Dass er für die Musiklektionen kein Honorar verlangte, war nur selbstverständlich. Ja, er überwand sogar seinen Widerwillen vor »Auftragsarbeiten« und komponierte mehrere Stücke für die Flötenuhr, die Graf Deym bei ihm bestellte.

Aus seinen süßen Träumen auf eine gemeinsame, wenn auch ferne Zukunft mit Josephine, rissen ihn gelegentlich gute Freunde.

Einer von ihnen war Nikolaus Edler von Zmeskall, Hofsekretär und guter Violoncellist. Ihm schrieb Beethoven zürnend im Februar 1800: »... Hol' Sie der Teufel! Ich mag nichts von Ihrer ganzen Moral wissen!

Kraft ist die Moral der Menschen, die sich vor anderen auszeichnen, und sie ist auch die meinige! Adieu. B.«

Noch hoffte Beethoven! Und seine Hoffnungen sollten sogar noch genährt werden. Denn über dem Haupte des Grafen Deym zogen sich düstere Wolken zusammen.

Knapp nach der Geburt des ersten Kindes, einer Tochter Victoire, am 5. Mai 1800, entdeckte Josephines Mutter, die zur Taufe nach Wien kam, wie schlecht es um die Vermögensverhältnisse des (angeblich) reichen Schwiegersohnes stand.

Tatsächlich hatte Deym sich mit der luxuriösen Ausstattung des Palais', dem aufwendigen Lebensstil, den er seiner Frau bot, und diversen geschäftlichen Transaktionen völlig übernommen.

Sofort drang die ehrgeizige Gräfin Brunswick auf Scheidung. Und wenn schon nicht Scheidung, so doch auf »Trennung von Tisch und Bett«.

Sie beharrte darauf, die junge Mutter und das Kind mit nach Ungarn zu nehmen, damit es dort auf Schloss Martonvásar wirklich standesgemäß aufwachsen könne.

Doch dem widersetzte sich begreiflicher Weise nicht nur Graf Deym, sondern auch Josephine. »Ich habe gelobt, Freud und Leid mit meinem Gatten zu teilen«, sagte sie unter Tränen, »ich kann und werde ihn nicht dreifach unglücklich machen!«

Als »Mitgiftjäger« entpuppte sich noch nachträglich der Ehemann der schönen Josephine Deym. Durch die vielen Ausgaben der jungen Ehe sehr angeschlagen, drang er nach der Geburt des ersten Kindes da-

Gebäude der Müllerschen Kunstgalerie nächst dem Rotenturm. Hier gab Beethoven der jungen Gräfin Deym Klavierunterricht. (Radierung von Johann Wenzel Zinke nach einer Zeichnung von Eduard Gurk. Zwischen 1809 und 1832)

rauf, dass die ihm versprochene Mitgift in der Höhe von 30000 Florin von Josephines Mutter nun bezahlt würde.

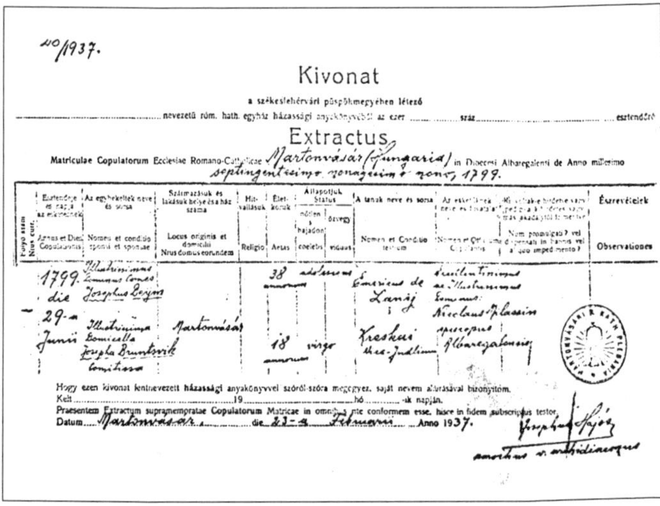
40/1937.

Kivonat

a székesfehérvári püspökmegyében létező

nevezetű róm. kath. egyház házassági anyakönyvéből az ezer ... száz ... esztendőről

Extractus

Matriculae Copulatorum Ecclesiae Romano-Catholicae Martonvásár (Hungaria) in Dioecesi Albaregalensi de Anno millesimo septingentesimo nonagesimo nono, 1799.

Folyó szám / Nrus curr.	Esztendeje és napja az eskettetésnek / Annus et Dies Copulationis	Az egybekeltek neve és sorsa / Nomen et conditio sponsi et sponsae	Származásuk és lakásuk helye és a ház száma / Locus originis et domicilii Nrus domus eorundem	Hitvallásuk / Religio	Életkoruk / Aetas	Állapotjuk / Status: nőtlen s hajadon / coelebs	özvegy / viduus	A tanúk neve és sorsa / Nomen et Conditio testium	Az eskettetőnek neve és hivatala / Nomen et Officium Copulantis	Nem promulgati? vel dispensati in bannis vel a quo impedimento?	Észrevételek / Observationes
	1799. die 29-a Junii	Illustrissimus Dominus Comes Josephus Deym			38 annorum	adolescens		Emericus de Lanij			
		Illustrissima Domicella Josepha Brunswik Comitissa	Martonvásár		18 annorum	virgo			Nicolaus Plassin episcopus Albaregalensis		

Hogy ezen kivonat fentnevezett házassági anyakönyvvel szóról-szóra megegyez, saját nevem aláírásával bizonyítom.
Kelt ... 19 ... hó ... -ik napján.
Praesentem Extractum supramemoratae Copulatorum Matricae in omnibus rite conformem esse, hisce in fidem subscriptus testor.
Datum Martonvásár, die 23-a Februarii Anno 1937.

Heiratsurkunde von Josephine Comtesse de Brunswick mit dem Grafen Deym auf Schloss Martonvásar

Doch Gräfin Brunswick dachte gar nicht daran, den ihr plötzlich unliebsamen Schwiegersohn zu unterstützen. Sie wollte vielmehr einen Schlussstrich unter diese Ehe ziehen, und stieß damit auf den entschiedenen Widerstand ihrer Tochter.

Josephine wollte in Wien bleiben! Wohl weniger ihres Mannes wegen, als vielmehr um Beethovens und der Musik willen.

Die Abende, bei denen neue Kammermusikwerke des Meisters aufgeführt wurden, gaben ihr sehr viel. Stolz erfüllte sie, dass ihr »treuer Haus- und Herzensfreund«, wie sie ihn nannte, sich mehr und mehr an sie schloss, und auf ihr Urteil in musikalischen Dingen großen Wert legte.

Dass es ihr schmeichelte, wenn der begehrte Maestro, der auch in anderen aristokratischen Häusern gern gesehen war, sie vor allen anderen auszeichnete, steht außer Zweifel.

Dennoch musste Josephine wissen, dass sie ja eine verheiratete Frau war, und der jetzt Dreiunddreißigjährige die Hoffnung auf eine eigene Ehe noch nicht aufgegeben hatte...

Das sollte ein plötzlich eintretendes Ereignis ihr deutlich vor Augen führen.

DIE SCHÖNE KUSINE

Denn plötzlich vermehrte sich der Kreis Brunswickscher Verwandtschaft um die Familie des Triester Gubernialrates, Graf Guicciardi.

Er wurde vom Kaiser als Hofrat in die Böhmische Hofkanzlei berufen und kam mit Frau und Tochter im März 1801 nach Wien.

Bei einer Soirée im Hause Deym lernte Beethoven die junge Gräfin kennen. Sein Herz stand sofort in Flammen!

Und Giulietta, die recht kokette Sechzehnjährige, tat noch einiges, um ihn vollends zu verwirren. Sie flirtete ungeniert mit dem »lieben Louis« und drang sogleich darauf, auch von ihm unterrichtet zu werden.

Josephine sah es, und ein feiner Schmerz überfiel sie.

Würde sie ihren Herzensfreund verlieren?

Mehr denn je achtete sie darauf, sich schön und begehrenswert zu erhalten, vor allem in der momentanen Situation. Denn Josephine erwartete gerade ihr zweites Kind.

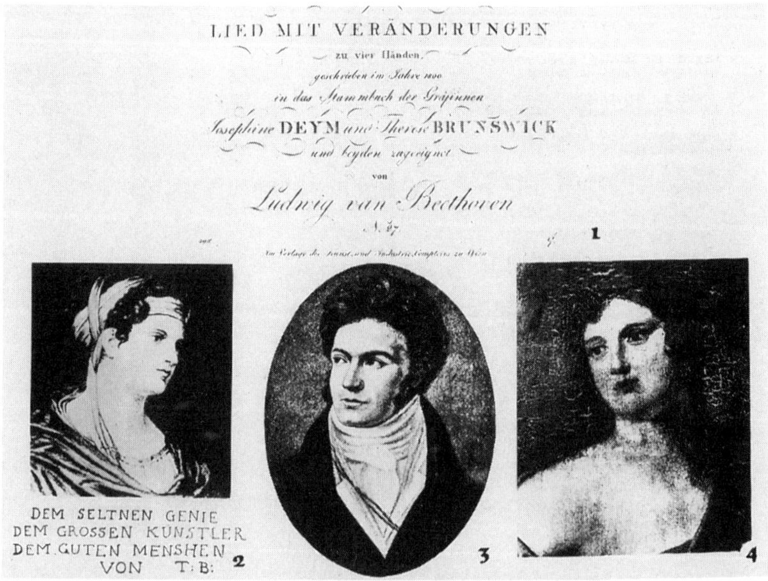

Sein »Lied mit Veränderungen« widmete Beethoven den beiden Schwestern Therese und Josephine Brunswick, obwohl sein Herz nur einer von ihnen gehörte.

Voller Eifer nähte sie sich selber Kleider aus Crěpe und Seide, und schrieb ihrer Schwester Charlotte, sie habe sich für den letzten Musikabend »eine der Schönheit und des Preises einer Prinzessin würdige Jonquillengirlande für 5 Florin ins Haar geflochten«.

Beethoven aber war in eine andere verliebt! Darüber schrieb er seinem Jugendfreund Wegeler nach Bonn: »Etwas angenehmer lebe ich jetzt wieder, indem ich mich mehr unter Menschen gemacht. Diese Veränderung hat ein liebes, zauberisches Mädchen hervorgebracht, das mich liebt, und das ich liebe. Es sind seit 2 Jahren wieder einige selige Augenblicke, und es ist das erste Mal, daß ich fühle, daß heiraten glücklich machen könnte. Leider ist sie nicht von meinem Stande ...«

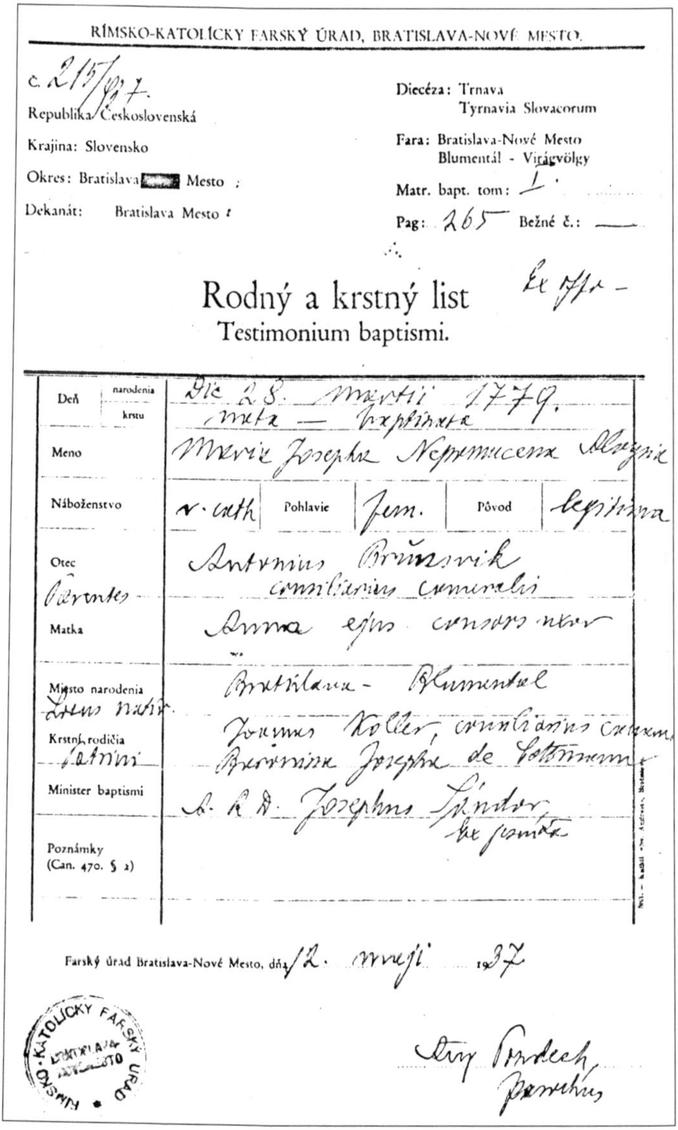

RÍMSKO-KATOLÍCKY FARSKÝ ÚRAD, BRATISLAVA-NOVÉ MESTO.

č. 215/937.

Republika Československá

Krajina: Slovensko

Okres: Bratislava[redacted] Mesto

Dekanát: Bratislava Mesto

Diecéza: Trnava
Tyrnavia Slovacorum

Fara: Bratislava-Nové Mesto
Blumentál - Virágvölgy

Matr. bapt. tom: I.

Pag: 265 Bežné č.: —

Rodný a krstný list

Ex offo –

Testimonium baptismi.

Deň narodenia / krstu	Die 28. Martii 1779. nata – baptizata
Meno	Maria Josepha Nepomucena Aloysia
Náboženstvo	r. cath. — Pohlavie: fem. — Pôvod: legitima
Otec (Parentes)	Antonius Brunsvik consiliarius cameralis
Matka	Anna ejus consors uxor
Miesto narodenia (Locus nativ.)	Bratislava - Blumentál
Krstní rodičia (Patrini)	Joannes Koller, consiliarius cam. Baronissa Josepha de Gottmann
Minister baptismi	A. R. D. Josephus Sándor, ex parochia
Poznámky (Can. 470. § 2)	

Farský úrad Bratislava-Nové Mesto, dňa 12. maji 1937

RÍMSKO-KATOLÍCKY FARSKÝ ÚRAD BRATISLAVA NOVÉ MESTO

Alois Pordech
parochus

Interessantes Detail um den Geburtstag Josephines. Laut obigem Glaubensbekenntnis-Zeugnis, das ihre evangelische Taufe bescheinigt, wurde Josephine bereits am 28. März 1779 geboren. Ihre Mutter gab sie jedoch anno 1799 als »achtzehnjährig« aus. Sie war in Wahrheit zwanzig Jahre alt.

Hatte Beethoven sich wirklich eingebildet, die oberflächliche Giulietta würde seine Liebe erwidern, so zeigte sich bald, dass er sich täuschte.

MONDSCHEINSONATE UND ENDE EINER SCHWÄRMEREI

Zwar hatte er ihr noch seine »Sonata quasi una fantasia«, die sogenannte »Mondscheinsonate« gewidmet, doch konnte es dem Verliebten nicht verborgen bleiben, dass die Flatterhafte sich einem jungen Beau zugewandt hatte, der von ihrem Stande war: einem Grafen Gallenberg.

Beethoven begrub seine Hoffnungen sehr rasch. Sicher erkannte er, wie unbeständig andere Frauen und Mädchen waren. Jedenfalls kehrte er »reumütig« zu seiner großen Liebe Josephine zurück. Das beweist ein Billet doux aus dieser Zeit: »Liebe, gute, liebe J.! ... Ich versuche es diesen Abend, ob ich Sie, geliebte liebe, liebe J. finde – ist es nicht, nun so fluche ich Ihren Verwandten alle Übel an den Hals! Leben Sie wohl, Liebe – ich habe sie so lieb, als sie mich nicht lieb haben! Ihr treuer L. v. B.«

Im Mai 1801 schenkt Josephine ihrem ersten Sohn das Leben. Er wird auf den Namen » Friedrich« getauft. Die junge Mutter aber nennt ihn zärtlich »Friedolin«.

Im Dezember 1801 schreibt sie: »Meine Kinder zu sehen – ist eine Wonne! Friedolin mit seinem wunderbaren Teint ist sehr schön, meine liebe Viki ein Engel!«

Der stolze Vater ließ seiner jungen Frau mehr Freiheit denn je. Sie durfte ihren »Musiklehrer« zu jeder Stunde sehen. Und wenn keine Konzerte im Palais Deym stattfanden, so trafen Beethoven und Josephine sich bei Freunden.

»Eben hatten wir bei Zmeskall eine musikalische Matinée«, schwärmte Josephine, »wir hörten Beethovensche Quartette! Julie spielte, und der göttliche Beethoven beschenkte uns mit Variationen …«

DIE LIEBE BEFLÜGELT DAS GENIE

Josephines Begeisterung färbte auf den Meister ab. Das Jahr 1802 sah ihn produktiver denn je.

Die Sonaten in As-Dur, Cis-Moll, D-Dur entstanden. Und die drei Sonaten Opus 31.

Noch bevor sie zum Kopisten kamen, ließ er seine Werke von Josephine spielen und begutachten. Dass er sie ihr nicht widmete, hatte andere Gründe: mehr und mehr fand das enge Verhältnis der beiden die Kritik ihrer Umgebung.

Umso mehr als Josephine wieder guter Hoffnung war.

Als sie es dem Freund gestand, stürzte er in eine tiefe Krise. Es war ja nicht allein die unglückliche Liebe, die ihn verbitterte. Auch sein Gehör ließ zu wünschen übrig.

Dem Rat seiner Ärzte folgend, ging er im Herbst nach Heiligenstadt bei Wien.

Therese von Brunswick

Dorothea von Ertmann

Giulietta Guicciardi

Bettina Brentano

Marianne G. von Westerholt

Eleonore von Breuning

Therese Malfatti

Rachel Varnhagen von Ense

Maria Erdödy

Josefine von Brunswick

Marie Leopoldine
Pachler-Koschak

Amalie Sebald

Marie Bigot de Moroges

Helene von Breuning

Der Damenkreis um Ludwig van Beethoven

Dort schreibt er am 6. Oktober 1802 sein erschütterndes »Heiligenstädter Testament«. »O ihr Menschen, die ihr mich für feindselig, störrisch oder misanthropisch haltet ...«

Es ist die lange Geschichte einer Liebe, die alle Stadien der Hoffnung und Verzweiflung, des Aufschwungs und der Erniedrigung durchlief, bis sie endete.

Erst wenn man sie in allen ihren Details kennt, kann man die Handlungsweise der Liebenden verstehen ...

Zu jener Zeit aber, als alles geschah, hätte man sie verfemt: den jungen Komponisten, der schon berühmt war, jedoch nicht »standesgemäß«, und die schöne Gräfin, bereits Mutter von zwei Kindern, doch in einem goldenen Käfig gefangen, durch Bande gefesselt, die sie nur aus kindlichem Gehorsam hatte anlegen lassen.

Aussichtslos erscheint den Liebenden ihre Lage, nachdem Josephine am 27. Juli des Jahres 1802 ihrem dritten Kind das Leben schenkte, einem Sohn, der auf den Namen »Carl« getauft wird.

Porträt von Beethoven aus dem Jahr 1804

Indessen weilt Beethoven in dem Dorf Heiligenstadt bei Wien, wo er vergebens Heilung von seiner fortschreitenden Schwerhörigkeit sucht.

Nach der kurzen Romanze mit Josephines Kusine Giulietta, die ihn schon bitter reute, hatte Beethoven sich wieder ganz Josephine zugewandt. Und sie muss Zeit gefunden haben, ihm seelischen Beistand zu geben, ihn wieder aufzurichten.

Dolna Krupa, Besitz der Brunswicks, auf welchem Beethoven viele Male weilte und komponierte.

Das geht aus einer Aufzeichnung Beethovens hervor, in der es heißt: »Von ihr, der einzig Geliebten! O warum gibt es keine Sprache, die das ausdrücken kann, was noch weit über Achtung, weit über alles geht, was wir noch nennen können? ... Sie, mein Alles, meine Glückseligkeit! ... Stille schlage nur, armes Herz, weiter kannst du nichts für sie, immer für sie, nur sie – ewig sie, bis ins Grab nur sie, meine Erquickung, mein Alles! O Schöpfer, wache über sie, segne ihre Tage! ...«

WIEDER AN DAS LEBEN ANGEKETTET

Am Ende dieses Selbstbekenntnisses schreibt Beethoven: »Wäre auch sie es nicht, die mich wieder an das Leben angekettet – auch ohne dieses wäre sie mir alles!«

Über die Kontakte, die sich weiterhin ergaben, erfährt man nur durch kurze Mitteilungen. Die musikalischen Abende im Deymschen Palais wurden fortgesetzt. Man traf sich auch zu Aufführungen Beethovenscher Werke im Wiener Augarten.

In Partituren vergraben, voll neuer Ideen, überwand er dieses Mal leichter, was Josephine ihm gestand: dass sie ihr viertes Kind erwartete.

Der Winter kam, und mit ihm ein furchtbarer Schicksalsschlag: Josephines Gatte starb binnen weniger Wochen an der Schwindsucht.

Die hochschwangere Josephine brach zusammen. Die eben Fünfundzwanzigjährige stand mit ihren unversorgten Kindern allein da.

Eine Audienz beim Kaiser Franz I. brachte keinen Erfolg. Er versprach zwar, für sie zu sorgen, hielt jedoch nicht Wort.

So musste sie aus eigener Kraft versuchen, die Kunstgalerie ihres Gatten zu führen und den großen Palast mit seinen achtzig Zimmern in der Wiener Rotenturmstraße zu verwalten.

DIE MUSIK ALS TRÖSTERIN

Schmal, bleich und in schwarzer Trauerkleidung trat die junge Mutter nun Beethoven entgegen.

Er war zutiefst erschüttert. Ihr Schmerz und die Ungewissheit ihres Geschickes griffen ihm ans Herz.

»... Überlassen Sie sich doch ja so sehr nicht Ihrem Hange zur Traurigkeit«, flehte er sie in einem Brief aus dieser Zeit an. »Wie wehe tut mir's, Sie so zu sehen, und um so mehr, wenn man nicht weiß, wie oder wo man helfen kann!«

Josephine Gräfin Brunswick, verwitwete Deym, Freifrau von Stackelberg als junge Frau

Er sandte ihr neueste Kompositionen, ein Andante favori und die Waldsteinsonate, unterzeichnete er mit den Worten: »Leben Sie wohl, Engel meines Herzens.«

Was sollte nun werden?

Trotz der Hilfe, die ihr von ihrer Familie zuteil wurde, erkrankte Josephine schwer. Die Ärzte konstatierten »Nervenfieber«, eine Krankheit, die man heute »Typhus« nennt.

Josephines Schwester Therese eilte nach Wien, um sie zu pflegen und die Kinder zu betreuen.

Herrliche Tage verlebte Beethoven auf Schloss Brunswick im ungarischen Martonvásar bei Budapest.

Darüber schrieb sie an die Mutter in Martonvásar: »Du kannst Dir nicht vorstellen, wie die Fieberanfälle mich beunruhigen, was ich dabei leide! Die Nächte besonders waren furchtbar. Sie hatte schreckliche Nervenzufälle: bald lachte, bald weinte sie – darnach trat äußerste Mattigkeit ein ...«

Beethoven weilte zu dieser Zeit in Baden und Döbling. Er arbeitete an der »Eroica«, der dritten Symphonie in Es-Dur.

In seiner Feinfühligkeit wollte er ihr Zeit lassen, sich selber zu finden! Die Hoffnung auf eine Verbindung war durch den Tod Deyms neu in Beethoven aufgeflammt.

Wie würde Josephine sich entscheiden? Sie wusste, wie es um ihn stand, dass seine Liebe für sie unerschütterlich war.

Würde sie jetzt alle Schranken überwinden und die Seine werden?

HÄUFIGE BESUCHE

Vermutlich war es Therese Brunswick, die Beethoven ermunterte, nach Josephines Genesung den Musikunterricht wieder aufzunehmen.

Ihrer Mutter teilte sie nach Martonvásar mit: »Beethoven kommt sehr oft. Pepi (Josephine) lud ihn andern Tags zu Mittag ein. Danach wurden Quartette gespielt – und er war so liebenswürdig, kaum aufgefordert uns eine Sonate und die Variationen ... ganz göttlich hören zu lassen!«

Beziehungsvoll war das Geschenk, das der »Herzensfreund« seiner Josephine zu Weihnachten 1804 überreichte: das von ihm vertonte Gedicht »An die Hoffnung«, in dem es heißt:

Die du so gern in heil'gen Nächten feierst
Und unsanft und weich den Gram verschleierst,
Der eine zarte Seele quält ...

Freier denn je gibt Beethoven seiner Liebe zu der schönen, jungen Witwe Deym Ausdruck! Es vergeht kaum ein Tag, an dem nicht zumindest eine Nachricht ausgetauscht wird. Meist aber sehen sie sich auch; nicht selten spielt der Komponist seiner Angebeteten neueste Werke vor.

Das muss natürlich Aufsehen erregen. Zumal, da die Familie Josephines hofft, es möge sich bald ein standesgemäßer Bewerber um ihre Hand finden, der ihr aus finanzieller Misere hilft und die Kinder ernährt, zu denen sich noch ein viertes gesellt hat.

Kein Wunder, wenn alles mit Argusaugen beobachtet wird, was zwischen dem »unstandesgemäßen« Komponisteur und der Gräfin geschieht.

So entdeckt eines Tages ein Gönner Beethovens, Fürst Lichnowsky, bei ihm die Partitur zu dem, Josephine gewidmeten, Lied »An die Hoffnung«, was zu allerlei Vermutungen Gelegenheit gibt.

Josephine, sehr nervös, stellt Beethoven zur Rede. Und er erklärt ihr in einem Brief, wie es geschah: »Wie ich sagte, die Sache mit L. (Lichnowsky) ist nicht so arg, meine geliebte J., als man sie Ihnen machte! L. hatte durch Zufall das Lied bei mir liegen sehen, ohne daß ich es bemerkte, und er auch nichts darüber sagte. Er schloß aber hieraus, daß ich wohl nicht ganz ohne Neigung für Sie sei ... L. sagte, er glaube bemerkt zu haben ... wie viel Achtung ich für Sie hätte. Das ist das ganze Factum! ... Ein Ereignis machte mich lange Zeit an aller Glückseligkeit des Lebens hiennieden zweifeln! Nun ist es nicht halb mehr so arg: Ich habe Ihr Herz gewonnen! ... Lange, lange Dauer möge unserer Liebe werden! Sie ist so edel, so sehr auf wechselseitige Achtung und Freundschaft gegründet! O, Sie lassen mich hoffen, daß Ihr Herz lange für mich schlagen werde! Das meinige kann nur aufhören, für Sie zu schlagen, wenn es gar nicht mehr schlägt ... Geliebte J., leben Sie wohl!«

Überströmend sind Beethovens Gefühle für Josephine Deym. Doch er muss bald erfahren, dass sie von Verehrern umschwärmt wird.

Ein Baron von Ohlenhausen und ein Graf Wolkenstein bemühen sich am eifrigsten; Josephine zeigt aber für beide wenig Sympathie.

FIDELIO – DAS HOHE LIED DER LIEBE

Sie kann sich der Faszination nicht entziehen, die Beethovens musikalisches Schaffen auf sie ausübt. In diesem Jahr 1805 erlebt ja seine Oper »Fidelio« ihre erste Aufführung. Beziehungsvoll hat er ihr den Untertitel »Hohes Lied ehelicher Liebe und Treue« unterlegt.

Nichts kann seine Hoffnung erschüttern, dass es für sie beide doch noch das Glück der Vereinigung geben wird.

»Am 6. Juli morgens
Mein Engel, mein Alles, mein Ich! – Nur wenige Worte heute, und zwar mit Bleistift (mit Deinem). Erst bis morgen ist meine Wohnung sicher bestimmt. Welcher nichtswürdige Zeitvertreib und d.g. (dergleichen). – Warum dieser tiefe Gram, wo die Notwendigkeit spricht! Kann unsere Liebe anders bestehen, als durch Aufopferungen, durch nicht alles verlangen? Kannst Du es ändern, dass Du nicht ganz mein, und ich nicht ganz Dein bin? – Ach Gott, blicke in die schöne Natur und beruhige Dein Gemüt über das Müssende. – Die Liebe fordert alles ganz mit Recht, so ist es mir mit Dir, Dir mit mir; – nur vergisst Du so leicht, daß ich für Dich

und für mich leben muß. Wären wir ganz vereinigt, Du würdest dieses Schmerzliche ebenso wenig als ich empfinden. – Meine Reise war schrecklich. Ich kam erst morgens vier Uhr gestern hier an, da es an Pferden mangelte. Auf der letzten Station warnte man mich, bei Nacht zu fahren, machte mich einen Wald fürchten, aber das reizte mich nur, und ich hatte unrecht; der Wagen mußte bei den schrecklichen Wegen brechen, grundlos, bloßer Landweg. – Fürst Esterházy hatte auf dem anderen Wege hieher dasselbe Schicksal mit acht Pferden, was ich mit vier. – Jedoch hatte ich zum Teil wieder Vergnügen, wie immer, wenn ich etwas glücklich überstehe. – Nun geschwind zum Inneren vom Äußeren. Wir werden uns wohl bald sehen. Auch heute kann ich Dir meine Bemerkungen nicht mitteilen, welche ich während dieser einigen Tage über mein Leben machte. Wären unsere Herzen immer dicht aneinander, ich machte wohl keine dergleichen. Die Brust ist voll, Dir viel zu sagen. – Ach – es gibt Momente, wo ich finde, daß die Sprache noch gar nichts ist! – Erheitere Dich – bleibe mein treuer, einziger Schatz, mein Alles, wie ich Dir; das übrige müssen die Götter schicken, was für uns sein muß und sein soll.

Dein treuer Ludwig«

Gemeinsame Tage in Hetzendorf, auf Schloss Martonvásar und Korompa scheinen ihm hierin Recht zu geben.

Aber dann treten kriegerische Ereignisse ein, vor denen Josephine mit ihren Kindern zur Mutter nach Budapest flüchtet, während Beethoven in Wien bleibt.

Erst im darauf folgenden Februar kehrt sie zurück. Und gleich darauf treffen sie bei musikalischen Soiréen und Diners wieder zusammen.

FINANZIELLE RÜCKSCHLÄGE

Mit großen Hoffnungen hatte Beethoven der Aufführung seines »Fidelio« entgegengesehen.

Für ihn ging es darum, mit ihr soviel zu verdienen, dass er in der Lage war, eine Familie zu gründen und Josephine ein standesgemäßes Dasein zu bieten.

Diese Erwartungen erfüllten sich nicht! Die Oper brachte ihm so gut wie nichts ein. Auch die zweite, umgeänderte Fassung erzielte kaum Mehreinnahmen.

Aus düsteren Gedanken riss ihn die Einladung Franz Brunswicks, Josephines Bruders, den Sommer auf Schloss Martonvásar zu verbringen.

Ihr kam er mit tausend Freuden nach!

Zwischen Hoffen und Bangen entstand die leidenschaftliche Sonate, die man später als »Appassionata« bezeichnete. Alle Empfindungen, die oft seine Brust zu sprengen drohten, legte er in diese Töne hinein.

Im Herbst kehrte man nach Wien zurück. Und Josephine, jetzt in besserer nervlicher Verfassung, ging daran, die Kunstgalerie ihres verstorbenen Mannes zu verwalten und sich der Erziehung ihrer Kinder zu widmen, was sie vorher häufig ihrer Schwester Therese hatte übertragen müssen.

Sicher kommt es in diesem Winter 1807 zu dem Vorfall, den man nur aus Briefentwürfen Josephines rekonstruieren kann: Beethoven dringt in sie, ihm ganz anzugehören!

Josephine aber schrickt zurück. Das versucht sie in einigen Zeilen so zu erklären, dass der »Herzensfreund« ihr nicht zürnen kann: »Ich liebe Sie, und schätze Ihren moralischen Charakter – Sie haben viel Liebes und Gutes mir und meinen Kindern erwiesen, das werde ich nie vergessen, und so lange ich lebe, werde ich stets Anteil an Ihrem Schicksale nehmen, und was ich kann zu Ihrem Glücke beitragen. – Das müssen Sie mir aber nicht übel nehmen wenn ich – »

Hier bricht das Schreiben ab. Sicher sollte folgen: »... wenn ich mich Ihnen in dieser gegenwärtigen Situation versage ...«

KEIN IDEALER ERZIEHER

Sicher dachte Josephine zuerst und in erster Linie an ihre Kinder, wenn sie sich Beethovens stürmischem Werben entzog. Er war nun einmal kein idealer Erzieher für ihre unmündigen Kinder.

In den vergangenen Jahren hatte sie ja Gelegenheit gehabt, nicht nur seine guten Seiten kennen zu lernen. Auch seine Launen, seine Reizbarkeit, die nicht seltene Schroffheit seines Wesens waren ihr nicht verborgen geblieben.

Sie aber musste gerade in dieser Zeit nach einem Partner suchen, der eine gefestigte Lebensanschauung, her-

Bei ihrer Tante, der Gräfin Viktoria Golz, auf Schloss Nemisl suchte Josephine häufig Trost. Später erbte ihr Neffe, Friedrich Graf Deym, den Besitz, der älteste Sohn Josephines.

vorragende Eignung als Erzieher aufzuweisen hatte! Das erschien ihr als »heiliges Gebot« zum Wohle ihrer vaterlosen Kinder.

Die Frage nach der Ebenbürtigkeit rangierte sicher an zweiter oder dritter Stelle in ihren Überlegungen. Deshalb darf man der jungen Witwe zumindest den Vorwurf nicht machen, sie habe aus Berechnung und Egoismus die Werbung Beethovens abgelehnt. Nach acht Jahren unaufhörlichen Werbens, muss Beethoven in seinem Überschwang eine Grenze überschritten haben, die zum zeitweiligen Zerwürfnis zwischen ihm und Josephine Deym führte.

Der feinfühlige Komponist zieht sich erschreckt zurück! Josephine, die von elementaren Sorgen und mit der Erziehung ihrer vier vaterlosen Kinder überlastet ist, hüllt sich in Schweigen.

Aus Heiligenstadt wendet der »Hausfreund« sich aber dann doch mit einem Brief an die Geliebte, in dem es heißt: »… Wie oft habe ich geliebte J. mit mir selbst gekämpft, um das Verbot, welches ich mir auferlegte, nicht zu überschreiten – aber es ist vergebens, Tausend Stimmen flüstern mir immer zu, daß Sie meine einzige Freundin, meine einzige Geliebte sind – ich vermag es nicht mehr zu halten, was ich mir selbst auferlegte, o liebe J., lassen Sie uns unbekümmert auf jenem Wege wandeln, worauf wir so oft glücklich waren – vergeßen Sie nicht – verdammen Sie nicht Ihren Ihnen ewig treu ergebenen Beethoven.«

Solche Zeilen reißen bei der jungen Witwe, die um ihren Gleichmut ringt, immer aufs Neue die Wunden auf, die durch diese »unmögliche« Liebe geschlagen wurden.

Dennoch kann auch sie nicht ganz schweigen. Noch vor dem Jahresende 1807 fragt sie bei Beethoven an, wie es ihm ginge.

Beethoven auf Schloss Korumpa, vor dem Fenster Josephines stehend.

Und er antwortet herb: »… Ich danke Ihnen, daß Sie noch scheinen wollen, als wäre ich nicht ganz aus Ihrem Andenken verbannt … Sie wollen, ich soll ihnen sagen, wie es mir geht, eine schwerere Frage kann man mir nicht aufwerfen – und ich will sie lieber unbeantwortet laßen, als – sie zu wahr beantworten …«

Gräfin Therese von Brunswick, gemalt von J. B. v. Lampi, radiert von W. Unger und Gräfin Guicciardi (rechts)

Deutlicher konnte Beethoven nicht sagen, wie ihm ums Herz war.

Für ihn gibt es nur sie, Josephine! Keine andere kann ihren Platz in seinem Herzen einnehmen – und dennoch muss sie sich ihm versagen.

Das ist ein schweres Los.

AUF DER SUCHE NACH DEM ERZIEHER

Josephine hat sicher nach einer Lösung gesucht, die es ihr ermöglichte, ohne die drückende Sorge um die Kinder das schöne Leben in Beethovens Nähe wieder aufzunehmen.

Sie verfällt auf die Idee, sie in ein Internat zu geben.

Deshalb reist sie im September 1808 mit ihren beiden Söhnen Carl und Fritz sowie ihrer treuen Schwester Therese nach Gotha, wo man ihr das Institut eines Pädagogen Salzmann empfohlen hat.

Dort findet sie alles »steif und unmodern, den Erzieher streng und unpersönlich«, so dass sie beschließt, sich dem großen Pädagogen Pestalozzi anzuvertrauen, der in Yverdon in der Schweiz ein Internat führt. Zwar kann sie sich auch jetzt nicht entschließen, ihre Söhne zurückzulassen, aber sie begegnet einem Mann, in dem sie den geeigneten Pädagogen gefunden zu haben glaubt: dem 31jährigen Baron Christoph Adam von Stackelberg aus Reval, der schon seit sieben Jahren studienhalber in Europa umherreist.

Stackelberg macht den besten Eindruck auf Josephine. Er ist von »edlem Äußeren«, hat untadelige Manieren, verfolgt großartige Ziele und kann schöne Worte machen.

Lauter Dinge, die bei der gelegentlich etwas oberflächlichen Josephine verfangen …

So kommt es, wie es kommen muss: die beiden verlieben sich ineinander, und nach einer dramatischen gemeinsamen Reise über die Alpen bis nach Ungarn erklärt Stackelberg sich.

Da inzwischen Österreich und Frankreich gegeneinander Krieg führen, fühlte Josephine sich unglücklicher und schutzloser denn je.

Wie es ihr schien, war dies die beste Lösung: zu heiraten und einen »Vater« für ihre Kinder zu haben.

Nicht nur Therese, die Schwester, sondern auch Josephines Mutter war gegen diese Verbindung.

In ihr Tagebuch hat Therese Brunswick später die schwerwiegende Frage eingetragen: »Ob Josephine nicht Strafe leidet wegen Luigis Weh?«

Und noch wehmütig hinzufügt: »Als seine Gattin – was hätte sie nicht aus dem Heros gemacht!«

Vorausblickend ahnte Therese schon das schlimme Ende dieser unglücklichen Verbindung.

Trotzdem: in aller Stille heiraten Josephine und Stackelberg am 13. Februar 1810 in Esztergom.

Zu Beethoven nach Wien dringt hiervon keine Nachricht. Er wiegt sich weiterhin in Träumen auf eine gemeinsame Zukunft mit der Geliebten und schreibt sogar am 2. Mai an seinen Freund Wegeler in Koblenz mit der Bitte um seinen – Taufschein. »Je bälder Du mir den Taufschein schickst«, drängt er, »desto größer meine Verbindlichkeit ...«

Nach den Erfolgen mit seiner 5. Symphonie und der Pastorale, ermutigt durch die Festset-

Baron Christoph Adam von Stackelberg, Josephines zweiter Gatte, der sie wegen drohender Verurteilung in den Schuldturm Hals über Kopf verließ.

Victoire, Josephines Tochter aus erster Ehe, wurde Zeugin des Streits zwischen ihrer Mutter und ihrem Stiefvater Stackelberg.

zung eines »Jahresgehaltes«, das einige Sicherheit verheißt, möchte er doch wagen, Josephine um ihre Hand zu bitten.

Die Tatsache ihrer Verehelichung muss ihn bitter getroffen haben!

Dennoch bestehen seine Gefühle für Josephine fort.

Für sie gilt der eine Satz, den er 1812 in dem Brief an die »Unsterbliche Geliebte« niederschreibt: »... Leben kann ich entweder nur ganz mit Dir oder gar nicht ...«

Während er sich voller Schmerz in seiner Musik verkriecht, nimmt Josephines Schicksal seinen Lauf: sie wird am 30. 11. 1810 Mutter einer weiteren Tochter, Theophile von Stackelberg.

Und sie muss erkennen, dass diese Ehe ein Fehlschlag ist. Denn Stackelberg erweist sich als unfähig, ihr Vermögen zu verwalten. Im Gegenteil, er ist verschwenderisch, treibt einen Aufwand, der nicht gerechtfertigt ist, lässt das schöne Palais Deym in Wien verfallen und kauft plötzlich (wovon?) ein großes Gut in Südmähren, um Landwirt zu spielen.

Schreckliche Szenen kennzeichneten die Ehe Josephines mit dem estnischen Baron Stackelberg: Nachdem er sich vergebens damit befasst hatte, das Deymsche Palais in Wien für die Öffentlichkeit zugänglich und zu einer Gewinnquelle zu machen, kam er auf den Gedanken, Landwirt zu werden.

Mit wenig Barmitteln wollte er einen großen Gutsbesitz in Mähren erwerben, jedoch die Besitzerin, eine Gräfin Trauttmansdorf, verstand es, mit Hilfe schwieriger rechtlicher Bedingungen nach einiger Zeit ihre Bereitschaft zum Verkauf zurückzunehmen, und die von Stackelberg angezahlte Summe von 200 000 Gulden als verloren hinzustellen.

Noch von ihrer letzten Entbindung, am 20. September 1811 geschwächt (Josephine hatte einem Mädchen das Leben geschenkt), brach sie nun völlig zusammen. Ihre Nervenanfälle mehrten sich.

Die Fahrt nach Wien zurück, wo sie nun bettelarm eintraf, wurde zu einem wahren Martyrium. Denn Josephine hatte durch die Gerichte auch erfahren, dass Stackelberg ihrem Wunsch, ihren Namen mit in den Kaufkontrakten des Gutes aufscheinen zu lassen, gar nicht nachgekommen war.

Damit war der letzte Rest des Vertrauens zwischen den Ehegatten unwiederbringlich dahin.

DIE KINDER ALS ZEUGEN

Ihrem Tagebuch vertraute die 11jährige Victoire Deym, Josephines Tochter aus erster Ehe, an: »Bei meinem Erwachen heute früh wollte es das Unglück, daß ich eine Szene vernahm, die mir das Herz zerschnitt! Ich hörte zwei Stimmen im Streit. An ihrer Sanftheit erkannte ich bald die Stimme von Mama und an seinem zornigen Ton die von Papa ... Ich erschauderte, als ich hörte, wie

Mama mit äußerster Sanftmut Papa erwiderte, welcher in Mama nur das Martyrium seines Lebens sieht. In dieser schrecklichen Täuschung sagte er ihr tausend Beleidigungen, ohne an die düsteren Folgen zu denken ...«

Was Josephine ihrem Gatten am meisten vorhielt, war die Täuschung, die er sich hatte zuschulden kommen lassen: immer hatte er behauptet, aus seiner Heimat noch größere Geldmittel zu erwarten, die jedoch nie kamen.

Dadurch war die große Familie nun gezwungen, ausschließlich aus den Erträgen der Wiener Kunstgalerie zu leben, für deren Inganghaltung sich Stackelberg jedoch als viel zu schlaff und resigniert erwies.

DER KONTRAKT

Den letzten Versuch, ihre Ehe zu retten, unternehmen Stackelberg und Josephine Anfang des Jahres 1812. Sie setzen einen Vertrag auf, in dem genau die Pflichten jedes Partners festgelegt sind. »Stackelberg übernimmt die Galerie-Einrichtung. Josephine führt die Verwaltung des Kunstgalerie-Gebäudes ganz nach seinem Wunsch. Stackelberg hat das volle Ansehen und die Achtung des Hausvaters. Josephine die der Hausmutter und der Vormünderin ...« Als Nachsatz fügt Stackelberg hinzu: »Ich erkläre mit dem Wissen von Josephine daß, wenn sie diese Punkte nicht hält, ich von allen Vorwürfen frei bin, wenn ich in mein Vaterland zurückkehre. Christoph Stackelberg.«

Schon nach einigen Wochen stellte sich heraus, dass Stackelberg unfähig war, seinen im Kontrakt zugesicherten Versprechungen nachzukommen. Nach einem neuerlichen Streit verließ er das Deymsche Palais und die Familie. Angeblich irrte er in Wien umher und fand in einer Dachkammer für einige Zeit ein klägliches Unterkommen. »In Tränen flehte er« nach späterer eigener Aussage, »Gott um Erleuchtung und Hilfe an«.

Josephine blieb nervlich völlig am Ende mit sechs Kindern zurück. Die einzige, die ihr treu zur Seite stand, war ihre ältere Schwester Therese. Der Gedanke liegt nahe, dass sie versuchte, von irgendwoher Hilfe für ihre bedrängte Situation zu bekommen!

Als sie sich dann, etwa Mitte Juni 1812, auf den Weg machte, war es höchstwahrscheinlich Prag, wohin sie sich wandte, denn dort lebte die reiche, ihr sehr wohlgesinnte Gräfin Golz. Von ihr konnte sie noch am ehesten Trost und Hilfe erwarten.

In Prag aber muss sie ihren alten Herzensfreund Beethoven getroffen haben…

Nur wenige Tage bleiben den Liebenden, um ganz zueinander zu finden. Denn schon am 5. Juli 1812 trifft Beethoven in Teplitz ein. Am 6., dem darauffolgenden Tag, schreibt er den Brief an die »Unsterbliche Geliebte«, dem er am Morgen des 7. noch eine beredte Nachschrift hinzufügt.

MACH, DASS ICH MIT DIR LEBEN KANN

Vier Ausrufungszeichen hängt Beethoven an den Satz an: »... Mach, daß ich mit Dir leben kann, welches Leben!!!! So!!!! ohne dich – !«

Nur an Josephine liegt es ja, dass sie sich endgültig von Stackelberg befreit, um ganz für ihn da zu sein, für Beethoven, der sie nun so viele Jahre glühend liebt!

Niemand kann es der von ihrem Ehemann so bitter Enttäuschten verdenken, wenn sie bei dieser schicksalhaften Begegnung alle Schranken fallen lässt, und Beethovens Drängen nachgibt.

Innerlich ist sie ja mit dieser Ehe fertig, verlangt nichts mehr von dem Mann, der sie und die sechs Kinder gnadenlos im Stich ließ, als die endgültige Trennung, um frei zu sein für ein Leben mit Beethoven, dessen Treue sie in langen Jahren erfahren hat.

In seinem Brief vom 7. Juli bekräftigt er dieses Versprechen noch: »Nie eine andre kann mein Herz besitzen, nie – nie!«

Beethoven weiß, wie sehr Josephine jetzt dieser Sicherheit bedarf, um die folgenden Monate noch durchzuhalten, bis sie »erlaubt« die Seine werden kann.

»Nur durch ruhiges Beschauen unseres Daseins können wir unsern Zweck, zusammen zu leben, erreichen«, schreibt er ihr. Und er besänftigt ihre Tränen mit der Bitte: »Sei ruhig! Liebe mich!«

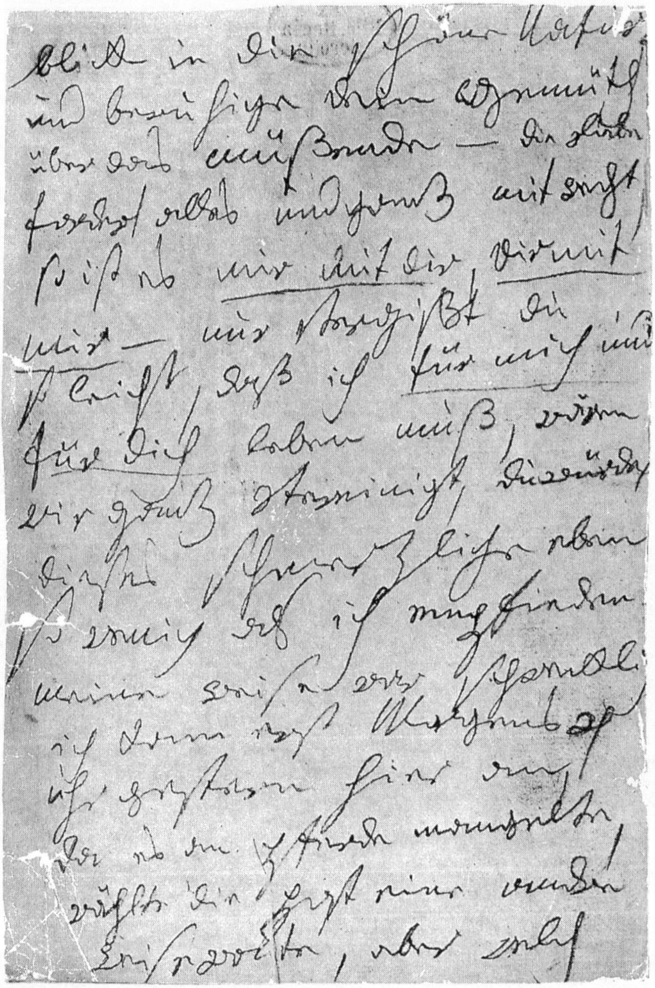

Liebesbrief

Damit geht er ganz auf Josephines zarte, nervliche Verfassung ein, auf die Ängste, die ihr aus der Unsicherheit der jetzigen Ehe erwachsen sind.

Es kann als erwiesen gelten, dass zwei Menschen, die sich seit dreizehn Jahren liebten, für zwei glückliche Tage zueinander fanden...

Diese beiden Menschen sind Ludwig van Beethoven und Josephine Brunswick-Deym-Stackelberg.

Die beiden glücklichen Tage sind der 3. und 4. Juli des Jahres 1812! Dann trennen sich ihre Wege wieder: Beethoven reist nach Teplitz in Böhmen, um Heilung für sein Gehörleiden zu suchen. Und Josephine wird sehnlichst von ihrer Schwester Therese und den sechs Kindern in Wien erwartet.

Am Morgen des 6. Juli schreibt Beethoven die berühmten drei Briefe an seine »Unsterbliche Geliebte«.

Aus jeder Zeile dieser zehn, mit Bleifeder geschriebenen, Seiten spricht die Gewissheit, dass diese Liebe Erfüllung fand! »O Gott, warum sich entfernen müssen, was man so liebt! ... Deine Liebe macht mich zum Glücklichsten und zum Unglücklichsten zugleich ...«

So kann sich nur ausdrücken, der gerade den »Himmel auf Erden« erlebte. »Heute, gestern, welche Sehnsucht mit Tränen nach Dir, Dir, Dir ...«

Es ist kein Zweifel möglich, Josephine hat sich endlich dem Allertreuesten ihrer Freunde ganz geschenkt.

Und er, der empfindsame Mensch und große Künstler, ersehnt sich nun, nach ihrer endgültigen Trennung von dem noch durch Gesetz gebundenen Partner, die glückliche Zukunft mit ihr allein.

Das Unterpfand dieser Liebe aber, das Kind, will sie von allem Anfang an vor der Welt verbergen! Niemand soll von seiner Existenz wissen, so lange sie nicht für den Geliebten ganz frei ist.

IN DER OBHUT DER SCHWESTER

In ihren Memoiren »Mein halbes Jahrhundert« legte Therese von Brunswick ausdrücklich fest, dass sie nicht nur »Taufmutter« dieses Kindes war. Sondern: »Das Kind wurde mir förmlich geschenkt.«

Der Grund war klar ersichtlich: da Josephine noch nicht geschieden war, wollte sie keinesfalls, dass Stackelberg womöglich Rechte auf ihr »Kind der Liebe« erheben konnte.

Auch wollte sie das Kind aus allen Streitigkeiten mit ihm heraushalten, unter denen ja schon ihre sechs Kinder sehr zu leiden hatten.

Sicher hat Josephine ihr Geheimnis gegenüber ihrer Schwester Therese gelüftet, nachdem sie ihrer Schwangerschaft ganz sicher war. Denn unter dem 22. September 1812 findet sich in deren Tagebuch der Eintrag: »Josephines Kind will ich nicht als das meinige ansehen, sondern es für seine Eltern mit der größten Verleugnung und wie es Pflicht ist, erziehen ...«

Über Stackelberg wurde, wie in einer geheimen Übereinkunft, nicht gesprochen. In ihrem Tagebuch schrieb Therese später: »Wir sahen ihn sechs Monate nicht.«

Dann plötzlich, am 4. Dezember des Jahres 1812, ist er auf kurze Zeit wieder in Wien.

Doch er hatte sich nicht geändert! Weiterhin verharrte er in einer schlaffen Untätigkeit.

Die hochschwangere Josephine griff zu letzten Mitteln: Sie »verschloss seine Kleidungsstücke und Wäsche – er machte eine Szene und verließ erneut das Haus«, heißt es in Thereses Memoiren.

Es ist nicht bekannt, ob Stackelberg sich in den nächsten Monaten in Wien aufhielt. Am 20. März 1813, kurz vor Josephines Entbindung, entwarf sie nochmals einen Kontrakt. Als letzten Satz schrieb sie die Worte: »Du bist frey – wie Du selbst mit Dir rechnen willst.«

Wenige Tage später muss Stackelberg endgültig abgereist sein. Niemand wusste, wohin. Er dachte somit nicht im entferntesten daran, seinen Vaterpflichten gegenüber seinen eigenen zwei Kindern nachzukommen, noch bei der Entbindung seiner Frau zur Seite zu stehen.

MINONA WIRD GEBOREN

Am 9. April 1813 kam Beethovens natürliche Tochter zur Welt. Sie wurde auf den Namen Maria Theresia Minona Selma Arria Cornelia getauft, wobei es höchst eigentümlich anmutet, dass der Name »Minona« aus Goethes »Werther« gewählt wurde.

Forscher haben den Namen umgekehrt, wobei das Wort »Anonim« herauskommt, und damit auf die Rolle Beethovens angespielt, der ja zu diesem Zeitpunkt noch in der Anonymität bleiben musste.

Übrigens kam die kleine Tochter unter größter Geheimhaltung zur Welt; nur Therese von Brunswick stand ihrer Schwester in den schweren Stunden bei.

Minona war ein gesundes Kind, viel kräftiger als ihre sechs Geschwister. Das geht allein daraus hervor, dass sie im Alter von achtzehn Monaten eine unter dramatischen Vorzeichen stehende Reise überstand: im April oder Mai 1814 tauchte Stackelberg plötzlich wieder in Wien auf, wo er sich sogleich an die Polizei wandte und Josephine der »sittlichen Gefährdung ihrer Kinder« zieh.

Man glaubte ihm, und Stackelberg nahm die drei Töchter mit. Sehr wahrscheinlich wollte er damit Josephine zwingen, ihm nach Estland zu folgen. Sie aber blieb in Wien.

KRANKHEIT JOSEPHINES

Kein Zweifel, dass die schwere Nervenkrankheit und der frühe Tod Josephines mit diesen furchtbaren Aufregungen in engem Zusammenhang stehen. Mit zerrissenem Herzen musste sie zusehen, wie Stackelberg ihr die drei kleinen Töchter wegnahm, und sich mit ihnen auf eine gefahrvolle Reise begab. Vielleicht hätte sie noch um sie kämpfen müssen, aber sie war weder körperlich noch seelisch mehr dazu in der Lage.

Während Therese mit den Deymschen Kindern auf Schloss Hacking beim Grafen Zinzendorf und seiner Brudergemeinde weilte, lag Josephine schon im Palais Deym krank darnieder.

Gruft und Grabmal der Familie Brunswick. Auch Josephine wurde in Dolna Krupa (Korompa) im Familiengrab der Grafen Brunswick beigesetzt.

Nur Fremde kümmerten sich um sie.

Sie wollte niemand mehr sehen, auch nicht Beethoven.

Alle die Tragödien ihres Lebens hatten einfach ihre Kraft aufgezehrt. Sie starb mit knapp 42 Jahren an »Entkräftung«.

STACKELBERG, Minona wohnte in Wien I, Habsburgergasse 5 bis 1897
Hausherr: Nikolaus Graf Cavriani
verh. mit Gräfin Auguste Vecsey

Ein wechselvolles Dasein erwartet Beethovens natürliche Tochter Minona von Stackelberg.

Als Kind von 18 Monaten schon von ihrem Stiefvater gegen den Willen der Mutter in seine estnische

Beethovens illegitime Tochter Maria Theresia Minona (Anonim) Selma Arria Cornelia Freiin von Stackelberg als Kind (Medaillon-Porträt).

Heimat entführt, sieht das Kind die Mutter erst kurz vor ihrem Tod wieder.

Minona ist sechs Jahre alt, als Stackelberg sie und ihre beiden Halbschwestern, Theophile und Maria Laura, nach Wien bringt.

Doch nur wenige Tage des Zusammenseins sind ihnen gegönnt, dann zwingt der Vater sie, ihm erneut nach Estland zu folgen.

Das Leid Josephines ist nicht zu beschreiben! Sie weint ja nicht nur im ihre Kinder; da Stackelberg sich nicht scheiden lässt, ist auch an eine Verbindung mit Beethoven nicht zu denken.

Zwischen Bangen und Hoffen erlischt ihr Leben am 31. März 1821.

Beethoven wird nach der Todesnachricht von einer schweren Gelbsucht aufs Krankenlager geworfen.

Die Arbeit an seiner Neunten Symphonie, die ihn zu dieser Zeit ganz beherrschte, wurde unterbrochen.

Auf Schloss Hacking in Hütteldorf verbrachte die kleine Minona die ersten Lebensjahre mit ihrer Tante Therese von Brunswick.

Die knapp sechs Jahre, die er seine »Unsterbliche Geliebte« überlebt, werden eine Odyssee des Herumirrens und der Schwierigkeiten mit seinem Neffen Karl sein.

»Glück« im idealen Sinne ist Beethoven nicht mehr beschieden gewesen.

THERESES URTEIL ÜBER MINONA

Als Therese Brunswick die sechsjährige Tochter Minona wiedersieht, fällt ihr sogleich auf, wie gering die Ähnlichkeit mit den anderen Kindern aus der Stackelberg-Ehe ist.

Natürlich kennt sie Minonas »Geheimnis«. Dennoch schreibt sie in ihr Tagebuch: »Merkwürdig hatte sich das Kind entwickelt. Ohne schön zu sein, war sie stark und imponierte dermaßen ihren älteren Schwestern, daß wir sie immer die Gouvernante nannten. Es zeigte sich auch später, daß sie das meiste Genie unter den Schwestern hatte.«

Minona lebte zeitweise bei ihrem Stiefvater in Reval, wo sie auch Musik studierte. Außer dem Klavierspiel befasste sich Beethovens Tochter, wie könnte es anders sein, mit Komposition.

Mehrere ihrer Werke wurden verlegt.

Sicher hat Therese von Brunswick ihrer Nichte eines Tages die Wahrheit über ihre Herkunft gestanden. Zu dieser Zeit war ihr leiblicher Vater Ludwig van Beethoven längst gestorben.

Aus dem Jahre 1870 wird berichtet, dass Minona sich an einen entfernten Verwandten aus der Familie ihrer Mutter wandte, und um Überlassung der Korrespondenz ihrer Mutter mit Beethoven bat.

Doch die Briefe waren unauffindbar! Sie sind erst vor einigen Jahren in einem Familienarchiv aufgetaucht und der Öffentlichkeit zugänglich gemacht worden.

Minona war also weiterhin auf vage Äußerungen und das Tagebuch ihrer Tante Therese Brunswick angewiesen, wenn sie Näheres über ihre Herkunft erfahren wollte.

UNGEBROCHENER STOLZ

Obwohl sie nach den wenigen Porträts zu urteilen, von gewinnendem Äußeren war, blieb Minona ledig.

Auch ihre Stiefschwestern Victoire Deym, Sophie Deym, Theophile von Stackelberg und Marie Laura von Stackelberg blieben unverheiratet.

Als Minona dann nach dem Tode ihres Vaters im Jahre 1841 endgültig nach Wien zurückkehrte, zog sie in das noch heute bestehende »Palais Cavriani«, in der damaligen Oberen Bräunergasse im I. Wiener Gemeindebezirk, heute Habsburgergasse Nr. 5.

Mit dem Hausherrn, dem Grafen Cavriani und seiner Gattin verband Minona eine enge Freundschaft. Beide waren große Musikliebhaber, ebenso wie andere gute Freunde, Graf und Gräfin de Bánffy, in deren Palais ständig musikalische Soiréen stattfanden.

Minonas Stolz auf ihre Herkunft zeigte sich in ihrem langen Leben immer wieder. Selbst als sie in späteren Jahren in sehr bedrängten finanziellen Verhältnissen war, pflegte sie zu sagen: »Das bin ich meiner Herkunft schuldig!«

DIE LETZTE DES GESCHLECHTS

Minona als junges Mädchen

Als Minona von Stackelberg am 27. Februar des Jahres 1897 in Wien an einer Lungenentzündung starb, hatte sie alle ihre Angehörigen überlebt.

ECOSSOISE, composeé par Mlle Minona de Stackelberg manuscript

Vater und Tochter – die Ähnlichkeit ist frappierend.

Palais des Grafen Cavriani Wien I, Habsburggasse 5, in dem Minona von Stackelberg bis kurz vor ihrem Tod lebte.

Ein grauenvolles Schicksal war vor allem ihrer Halbschwester Victoire Deym beschieden gewesen: sie starb während einer Scharlachepidemie in Wien. Später stellte sich jedoch heraus, dass man sie scheintot begraben hatte. In der Familiengruft fand man sie bei geöffnetem Sargdeckel mit angenageltem Unterarm auf den Stufen liegend.

Sophie Deym nahm den Schleier und pflegte während einer Cholera- oder Thyphusepidemie aufopfernd die Kranken. Dabei infizierte sie sich selbst und starb binnen weniger Tage.

Auch Theophile von Stackelberg holte sich eine schwere Krankheit und wurde blutjung dahingerafft.

Maria Laura von Stackelberg fiel am 7. Jänner 1843 einer Typhusepidemie zum Opfer, in deren Verlauf die jüngste Schwester ihrer Mutter, Charlotte Gräfin Teléki von Szék, starb.

Nach langem Suchen fand sich das verwahrloste Gruftgrab Minonas auf dem Wiener Zentralfriedhof. Niemand kümmert sich darum.

Nur die verwaschenen Schriftzeichen auf dem Stein, vor dem ein Engel betet, verraten, dass hier »Minona Baronesse de Stackelberg« ihre ewige Ruhe fand.

Und man ist versucht, die Worte aus dem Psalm zu zitieren:

... Geht der Wind darüber hin –
ihre Stätte kennet sie nicht mehr.

Todten-Buch.

Fortlaufende Zahl	Name des Einsegnenden	Jahr, Monat, Tag und Stunde des Todes	Ort des Todes, Hausnummer	Tauf- und Familiennamen des Gestorbenen und dessen Stand, oder Stand des Ehegatten oder Vaters und Geburtsort	Religion	Geschlecht männlich	Geschlecht weiblich	Geburts-Jahr, Monat, Tag	Krankheit und Todesart	Ort wo, und Tag, an welchem die Beerdigung geschehen	Anmerkung
29		21. Febr 1897	I Jakobergasse 5	Minona Freiin Stackelberg, Private aus Wien, ledig	r. k.	–	1	8/4 1813 83 J.	Lungenentzündung	23. Februar Zentralfriedhof	

Eintrag in das Totenprotokoll der Stadt Wien, 1897.

Das Grab am Wiener Zentralfriedhof, in dem Minona von Stackelberg gemeinsam mit der ihr befreundeten Johanna von Bánffy k.k. Kämmererswitwe bestattet ist. 1.Tor, Reihe 1, Nr. 1, Gruppe 48 A.

Dienstag, den 23. Februar 1897.

Kleine Chronik.

Wien, 22. Februar.

Ihre k. und k. Hoheiten der durchlauchtigste Herr Erzherzog Franz Salvator und die durchlauchtigste Frau Erzherzogin Marie Valerie sind heute Nachmittags nach Mentone abgereist.

(Sterbefall.) Gestorben ist: Freifrau Simona von Stackelberg gestern hier im Alter von 84 Jahren.

FAMILIENGESCHICHTE

Brunswick von Korompa

Einer Familiensage zufolge sollen die Brunswicks von dem jüngeren Sohn des Herzogs von Braunschweig, Heinrich dem Löwen (1129–1195), abstammen, der seinen Kaiser, Friedrich I. Barbarossa (1152–1190) auf dem 3. Kreuzzug (1189–1192) mit Philipp II. August von Frankreich und Richard Löwenherz von England ins Heilige Land begleitete. Nach dem Tode des Kaisers, der im Saleph, einem Fluss in Kleinasien, am 10. 6. 1190 ertrank, blieb er auf der Heimreise bei einer schönen Frau in Ungarn, wurde magyiarisiert und hieß nunmehr Brunswick.

Dieses Adelsgeschlecht, welches vom Ausland seiner Abstammung herleitet, tritt in Ungarn urkundlich zuerst mit Tobias, Hofkaplan des Stanislaus Thurzo, auf.

Grafenstand d. d. Wien, 17. X. 1775 für Anton Brunsvik von Korompa, Ritter des ungarischen St. Stephans-Ordens für seine Person. Für seine Söhne Anton und Joseph d. d. Wien 18. XI. 1790.

Stammschloss und Herrschaft Korompa, Stadthaus in Preßburg, Marton-Vasar 8000 Joch und Weißenkirchen.

Graf Anton II. Brunsvik von Korompa und seine Gattin Anna, geborene Seeberg, hatten vier Kinder:

Maria Theresia	27. 07. 1775 – 16. 09. 1861
Franz de Paula	25. 09. 1777 – 23.10. 1849
Maria Josepha Aloysia	28. 03. 1779 – 31. 03. 1821
Caroline (Charlotte)	25. 03. 1782 – 12. 01. 1843

Maria Josepha Nepomucena Aloysia, genannt Josephine, wurde als drittes Kind des ungarischen Grafen Anton II. Brunsvik von Korompa am 28. März 1779 in Preßburg geboren und vermählte sich zu Marton-Vasar am 29. Juni 1799 mit dem am 2. April 1752 in Vojnice geborenen Johan Nepomuk Franz de Paula, genannt Joseph Müller, einem Grafen Deym von Stritez.

Dieser starb nach viereinhalbjähriger Ehe in Prag Neustadt, Haus 121, am 27. Jänner 1804 und wurde auf dem 1. Friedhof des Prager-Zentralfriedhofes in Olschan bei der Martinskapelle beigesetzt.

Am 13. Februar 1810 vermählte sich seine Witwe, Josephine Gräfin Deym von Stritez, geborene Gräfin Brunsvik von Korompa, mit Christoph Freyherrn von Stackelberg, kaiserlich-russischer Gouverneur, Schuldirektor von Estland.

Josephine, Baronin Stackelberg, starb in Wien am 31. März 1821, Sternkreuz Dame.

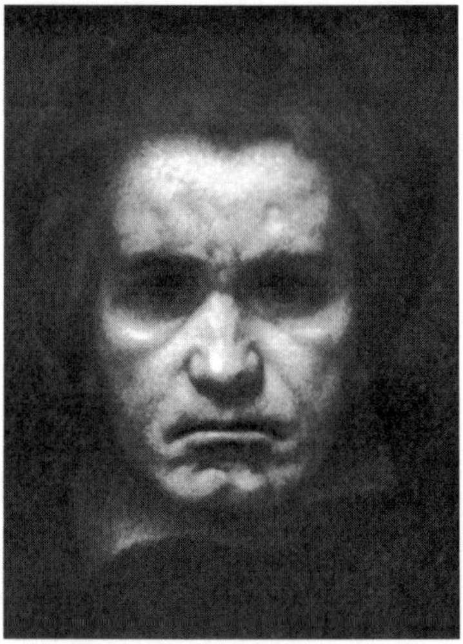

Beethoven im Zenit seiner Kunst, Kopfbildnis, Originalgraphik, in Kohle und Kreide von G. L. de Baranyai.

ZEITTAFEL

Von Beethovens Leben

1770	Wahrscheinlich 16. Dezember in Bonn geboren, am 17. Dezember getauft.
1778	26. März erstes öffentliches Auftreten als Klavierspieler in einem Konzert in Köln.
1781	Kunstreise mit der Mutter nach Holland. Seine ersten Werke »Variationen« usw. und »Drei Sonaten für Klavier in Es-Dur, F-Moll und D-Dur« (erschienen 1782 und 1783).
1782	Hilfsorganist in Bonn.
1783	Cembalist. Rondo für Klavier in A-Dur (erschienen 1784). Drei Quartette für Klavier, Violine, Viola und Violincello in C-Dur, Es-Dur und D-Dur (erschienen 1832).
1784	Konzert für Klavier und Orchester in Es-Dur (erschienen 1890).
1785	Hoforganist in Bonn.
1787	Erster Aufenthalt in Wien. Vorspielen bei Mozart. 17. Juli Tod seiner Mutter.
1789	Mitglied der Hofkapelle (Kammermusikus).
1790	Zwei Kantaten (erschienen 1887).
1791	Fahrt nach Mergentheim.
1792	Juli Zusammentreffen mit Haydn in Bonn. Im November dauernde Übersiedlung nach Wien. Weiterbildung bei Haydn u. a. 18. Dezember Tod des Vaters.
1795	29. März erstes öffentliches Auftreten in Wien als Klavierspieler und Komponist. Konzert für Klavier und Orchester in B-Dur Opus 19 (erschienen 1801).

Drei Trios in Es-Dur, G-Dur, C-Moll, Opus I (erschienen 1795). Drei Sonaten für Klavier in F-Moll, A-Dur, C-Dur. Opus 2 (erschienen 1796).

1796 Januar Konzertreise nach Berlin (Auftreten am Hofe und am 28. Juni in der Singakademie). »Adelaide« Opus 46 und Arie »Ah perfido« Opus 65 (erschienen 1797).

1798 Drei Sonaten für Klavier in C-Moll, F-Dur, D-Dur, Opus 10. Drei Sonaten für Klavier und Violine in D-Dur, A-Dur, Es-Dur, Opus 12. Sonate pathétique in C-Moll, Opus 13, gewidmet dem Fürsten Karl Lichnowsky. Septett Opus 20.

1800 Erste Symphonie in C-Dur, Opus 21. Ballett »Die Geschöpfe des Prometheus«, Opus 43 (erste Aufführung 1801). Sechs Quartette Opus 18. Drittes Klavierkonzert in C-Moll, Opus 33. 2. April erste öffentliche Akademie im Burgtheater: u. a. erste Symphonie, das große Septett in Es-Dur, und von B. selbst gespielt, das Klavierkonzert in C-Dur.

1801 Die Mondschein-Sonate, Cis-Moll, Opus 27, Nr. 2, der Gräfin Julia Guicciardi gewidmet. Sonate für Klavier in D-Dur, Opus 328.

1802 Oratorium »Christus am Ölberg«, Opus 85 (aufgeführt 1803). Zweite Symphonie in D-Dur, Opus 36 (erste Aufführung 5. April 1803, erschienen 1804). 6. Oktober das Heiligenstädter Testament.

1803 Erzherzog Rudolf von Österreich wird sein Schüler.

1804 Dritte Symphonie (Eroica) in Es-Dur, Opus 55 (erste Aufführung 7. April 1805).

1805 20. November erste Aufführung der Oper »Fidelio«. Viertes Klavierkonzert in G-Dur, Opus 53.

1806 29. März Aufführung der zweiten Fassung des »Fidelio«. Leonoren-Ouvertüre Nr. 3. Vierte Symphonie in B-Dur, Opus 60. Sonate für Klavier in

F-Moll, Opus 57 (Appassionata, 21. Februar 1807). Oktober, Aufenthalt beim Fürsten Lichnowsky in Grätz.

1807 An die »Unsterbliche Geliebte«, Koriolan-Ouvertüre, Opus 62. 13. September erste Aufführung der Messe in C-Dur, Opus 86.

1808 Im Herbst Ruf nach Kassel als Hofkapellmeister. 22. Dezember Akademie: Erste Aufführung der fünften Symphonie in C-Moll, Opus 76, der sechsten (Pastoral-)-Symphonie in F-Dur, Opus 68, von Teilen der »Chorfantasie«, in C-Moll, Opus 80, und des G-Dur-Konzertes.

1809 1. März Aussetzung eines Jahrgehaltes. 13. Mai Besetzung Wiens durch die Franzosen. 31. Mai Tod Haydns. Sonate für Klavier in Es-Dur, Opus 81 (Les Adieux). Es-Dur-Konzert Opus 73.

1810 (Frühling) Begegnung mit Bettina v. Arnim. Musik zu Goethes »Egmont«, Opus 84 (erste Aufführung 24. Mai 1810).

1811 Das österreichische Finanzpatent. Trio in B-Dur Opus 97.

1812 Siebte Symphonie in A-Dur, Opus 92 (datiert 13. Mai), und achte Symphonie in F-Dur, Opus 93 (vollendet im Oktober). Juli in Teplitz mit Goethe zusammen.

1813 8. Dezember Akademie: u.a. erste Aufführung der siebten Symphonie und der Schlachtensymphonie (Wellingtons Sieg bei Vittoria) Opus 91. (12. Dezember und 2. Januar 1814 Wiederholung der Akademie).

1814 27. Februar Akademie: u.a. erste Aufführung der Achten Symphonie. Im Mai letztes öffentliches Auftreten als Klavierspieler. 23. Mai Aufführung der dritten Fassung des »Fidelio« (vierte Ouvertüre, in E-Dur). 26. September dieselbe vor den zum Kongress versammelten Herrschern. 29. November

	große Kongress-Akademie (»Der glorreiche Augenblick«, Opus 136).
1815	15. November Tod des Bruders Karl. Vormundschaft über dessen Sohn Karl.
1816	Liederkreis »An die ferne Geliebte«, Opus 98.
1818	Vollendung der Quintettfuge Opus 137 und der Klaviersonate in B-Dur, Opus 106.
1818–1822	Missa solemnis Opus 123. Die drei letzten Klaviersonaten, Opus 109–111.
1822	Rossini und Schubert bei Beethoven. Im November letztes öffentliches Auftreten als Dirigent.
1823	Grillparzer, Carl Maria von Weber und Liszt bei Beethoven.
1823	Dreiunddreißig Veränderungen über einen Walzer, Opus 120.
1823–1824	Neunte Symphonie in D-Moll, Opus 125.
1824	24. Februar Adresse der Wiener Musikfreunde. 7. Mai erste Aufführung der Neunten Symphonie. Quartett in Es-Dur, Opus 127.
1825	Quartette in A-Moll, Opus 132, B-Dur, Opus 130 (letzter Satz 1826) und Quartettfuge in B-Dur, Opus 133. 15. Oktober bezieht er seine letzte Wiener Wohnung im Schwarzspanierhaus (früher Kloster spanischer Mönche in schwarzen Kutten).
1826	30. Juli Selbstmordversuch seines Neffen Karl. 29. September nach Gneixendorf zum Bruder Johann. Die beiden letzten Quartette in Cis-Moll, Opus 131, und F-Dur, Opus 135. 2. Dezember Rückkehr nach Wien und Erkrankung.
1827	März Hiller und Hummel wiederholt bei Beethoven. 24. März Empfang der Sterbesakramente. 26. März Tod (nachmittags 5 Uhr 45). 29. März Beerdigung auf dem Währinger Friedhof. Grabrede Grillparzers.

DANKSAGUNG

Bei meinen jahrelangen Recherchen zum Thema der Unsterblichen Geliebten Beethovens und seiner illegitimen Tochter wurde mir viel Hilfe zuteil, für die ich mich bedanken möchte.

So hat mir Professor Harry Goldschmidt, Autor des Buches »Um die unsterbliche Geliebte Beethovens« noch kurz vor seinem Tod wichtige Hinweise für weitere Forschungen gegeben. Es halfen mir die Nachkommen der Familien Teleki, Deym, Stackelberg mit wertvollen Mitteilungen. Viele dieser Nachfahren wurden mir erst durch Hinweise anderer Familienangehöriger bekannt, wie etwa Philipka Gräfin Mengersen, die mich an ihre Verwandte, Comtesse Sophie Deym de Teleki in Alabama, verweisen konnte.

Dank sagen möchte ich aber auch den Archivaren auf den Besitzungen der Familie Brunswick, den Schlössern Witschap/Südmähren, Korompa/Ungarn und Martonvásar/Ungarn, die mir unter anderem auch Auszüge aus Taufregistern verschafften. Mikrofilme stellte mir das Staatliche Gebietsarchiv Trebon zur Verfügung, auf denen die Tagebücher Therese von Brunswicks erfasst sind.

Dank müsste ich auch dem bereits verstorbenen Beethoven-Sammler Gustav Lörincz de Baranyai – München sagen, der mir wichtigste Rariora überließ. Ebenso auch Dr. Christa Landon, die ich in meiner Heimatstadt Schwerin kennen lernte, wo sie ein unbekanntes Haydn-Porträt aufspürte. Sie hat mich immer zu weiteren Forschungen ermuntert. Ohne diese Hilfe von namhaften Persönlichkeiten wäre es nicht möglich gewesen, Licht in das Dunkel um Beethovens »Unsterbliche Geliebte« und die gemeinsame Tochter Minona zu bringen. Minona war sich ihrer Herkunft bewusst! Sie verschrieb sich ganz der Musik und komponierte im Stil ihres leiblichen Vaters. Ihren Vornamen »Minona« – Anonim – empfand sie als Auszeichnung und verzichtete auf ihre weiteren Vornamen. Die Tatsache, dass sie noch gerichtlich unter Kuratel gestellt wurde wegen »Verschwendungssucht«, lässt sich durchaus positiv ausdeuten. Im Bewusstsein um ihre große Herkunft war es ihr nicht möglich, das äußerst bescheidene Dasein einer verarmten Aristokratin zu führen, die von kärglich bezahlten Klavierstunden leben musste.

Chris Stadtlaender

BITTE BEACHTEN SIE
FOLGENDE SEITEN

198 Seiten · ISBN 3-7844-2829-0

Siegfried Schütt

Liebe, Liebe lass mich los

Annäherung an Goethes Frauen

Kenntnisreich, überraschend, amüsant und unterhaltsam entwirft Schütt ein facettenreiches biografisches Bild des Dichterfürsten als Liebhaber des schönen Geschlechts. Zugleich porträtiert er die Frauen, die das »(Un-)glück« hatten, von Goethe geliebt und oftmals auch verlassen zu werden. Die humorvolle, aber seriöse Auswertung des reichen Quellenmaterials beleuchtet neue Aspekte Goethes als Mensch und Liebhaber.

Besuchen Sie uns im Internet unter http://www.herbig.net

344 Seiten · ISBN 3-85002-467-9

Dietmar Grieser

Sie haben wirklich gelebt

Ein fesselndes »Who is who« der Literaturgeschichte

Auf seinen Streifzügen durch die Welt der Literatur, der Oper und des Films ist es dem Literaturdetektiv der Sonderklasse gelungen, die Urbilder zahlreicher literarischer Figuren von Weltruf zu erforschen. Wer steckt hinter Goethes Gretchen, hinter Thomas Manns Tadzio oder Fontanes Effi Briest? Auch Operngestalten wie Mozarts Sarastro oder La Traviata und Madame Butterfly sind nicht vom Himmel gefallen, sondern haben reale Vorbilder.

Besuchen Sie uns im Internet unter http://www.herbig.net